Rudolf R. Knirsch

Gold

Gangster

Ghost Towns

ARIZONA • NEW MEXICO • NEVADA • UTAH

Reiseführer der besonderen Art

GoWest Verlag Frankfurt/M – Tucson Arizona

Dieses Buch gehört all meinen Freunden:
Eva, Gisela, Aja, Sabine, John, Bud, Rod, Dick und Paul.
Ohne sie und ohne Regina und Ingo
wäre es nie entstanden.

Knirsch, Rudolf, R.
Die Deutsche Bibliothek – CIP-Einheitsaufnahme
Gold · Gangster · Ghost Towns
Arizona, New Mexico, Nevada, Utah
Ein Reiseverführer der besonderen Art
Band 6 in der Reihe „Unterwegs im Wilden Westen"
GoWest Verlag Rudolf R. Knirsch. – Frankfurt/M. – Tucson/Arizona
ISBN 978-3-00-037012-0

Layout: winterwork
Cover: Ingo F. Knirsch
Kartografie: Rudolf R. Knirsch
Fotos: Rudolf R. Knirsch sowie angegebene Quellen S. 152.
Druck und Bindung: winterwork Borsdorf
Printed in Germany

Für Hinweise ist der Autor dankbar. Ergänzungen werden bis zur Neuauflage auf der website **www.wandernUSA.de** veröffentlicht.
E-mail: rrknirsch@web.de
Fax: 06055-914110

Umschlagfotos

Vorderseite:	Cowboy oder Gangster? (Foto Robert Babiak/pixelio.de)
	Billy the Kid in Aktion
	Bergbauspuren
Rückseite :	Holzkohlenmeiler in Frisco
	Der Santa Fe Saloon in Goldfield bedient seit 1905 Gäste
	Strandgut
	Goldwaschen als Freizeitspaß (Foto © Old Tucson Studio).
Innenseite vorn:	Wege zum Westen 1760-1860 (Foto © BZ für politische Bildung, Folge 90)
Innenseite hinten:	Karte der beschriebenen Ghost Towns

Inhalt

Kartennummer **1** Seite

Tipps und Informationen

Anmerkung

Im Text kursiv gesetzte Wörter sind im Glossar erklärt.

Bildtexte zur Kollage auf Seite 6

1. Verlassene Schächte bergen Gefahren
2. Goldwaschen – heute ein Freizeitspaß
3. Muli – unentbehrlicher Gefährte der Goldsucher
4. Nuggets
5. Erste Eisenbahnbrücke über den Diablo Canyon
6. Werbung für ein Revolver-Duell
7. Grabstein auf dem Friedhof in Tombstone

DANGER
UNSAFE MINE
STAY OUT
STAY ALIVE
1

3

4

HERE
LIES
LESTER MOORE
FOUR SLUGS
FROM A 44
NO LES
NO MORE

O.K.
CORRAL
GUNFIGHTS DAILY!
6

Ein Tag, der Geschichte schrieb

Es war ein kalter Januarmorgen des Jahres 1848, den James W. Marshall nie vergessen sollte. Ein Tag, der in die Geschichte Amerikas einging und sich auf große Teile der Welt auswirkte. Es war ein Tag, von dem einige meinen, dass er die Welt veränderte.

An diesem Morgen fand James im Wasser des Coloma River nahe Fort Sutter etwas Glitzerndes. Sein erster Gedanke: Gold! Dann kamen Zweifel. Die Farbe war anders als jene, die er von Goldmünzen kannte. Doch ein erster Test bestätigte: Er hatte ein kleines Nugget gefunden (FF 15).

Die Kunde verbreitete sich schnell. Aus der Nachbarschaft, aus dem nahen San Francisco eilte herbei wer laufen konnte. Sie alle hatte das Goldfieber erfasst.

Die Presse schrieb phantasievolle Geschichten – wahre und erfundene.

Sutters Sägewerk mit James W. Marshall: Hier begann 1848 der Goldrausch. (Foto R. H. Vance 1850, public domain)

Da hatte ein Deutscher beim Graben eines Loches für die Zeltstange einen drei Unzen schweren Goldklumpen gefunden. Ein anderer wollte eine Kuh einfangen. Dabei stolperte er über einen anstehenden Quarz und fand eine Goldader. Drei Franzosen beseitigten an der Coloma Straße einen Baumstumpf. Aus dem Loch förderten sie Gold im Wert von 5000 Dollar.

Allen Berichten war gemeinsam: Das begehrte Metall, Glück und Reichtum lagen buchstäblich auf der Straße. Man musste sich nur bücken. Bestenfalls brauchte man eine Pfanne, um das Gold auszuwaschen, eine Hacke und eine Schaufel.

Es gab auch andere Stimmen: „Ich schaufelte 50 mal die Pfanne voll. Eine Knochenarbeit. Mir schmerzten alle Glieder. Meine Ausbeute: Ein halber Dollar in Gold.“

1848 blieben die Goldgräber weitgehend unter sich. Eine Schaufel in einem Loch galt als Anspruch auf das Land. Niemand vergriff sich an persönlichen Gegenständen.
Es dauerte nicht lange, bis die Kunde von den Funden sich weltweit verbreitete und der Goldrausch Hunderttausende erfasste, verführt von den Slogans: „Go West!" und „Panning for Gold"
Aus allen Teilen der Erde kamen sie, getrieben von der Not und den Träumen nach Reichtum und Glück. Die einen als Goldgräber, die anderen als Lieferanten. Reich wurden nur wenige, die mit Hacke und Schaufel arbeiteten. Einträglicher war das Geschäft für die Händler, die den Goldsuchern Lebensmittel und Ausrüstung lieferten. Natürlich zu gepfefferten Preisen oder mit Gewinnanteilen bis zu 50 Prozent. Levi Strauss, ein Schneider aus Oberfranken, verdiente mit seinen genieteten Jeans Millionen.
In den ersten vier Jahrzehnten folgten an die vier Millionen dem Lockruf des Goldes. Die Zahl der Einwohner von San Francisco schwoll lawinenartig an – von 25.000 im Jahre 1848 auf 234.000 vier Jahre später.

Goldwaschen – eine harte Arbeit (Foto L. C. McClure 1850, public domain)

Die „Forty-Niner" (1849er), sind in die Geschichte eingegangen. Sie siedelten entlang eines schmalen, über 400 Kilometer langen Streifens westlich der Vorberge – zwischen Navada City im Norden und Melones im Süden. Heute von Highway 49 erschlossen. Allein aus der Mother Lodge-Ader förderten die Bergleute Gold im Wert von 600 Millionen Dollar. Sie nahmen dabei weder auf die Umwelt noch auf die Ureinwohner Rücksicht. In Kalifornien schrumpfte die indianische Bevölkerung zwischen 1850 und 1854 von ca. 150.000 auf 30.000. Viele starben an Hunger oder eingeschleppten Krankheiten oder wurden von den Goldgräbern umgebracht.
Heute ist das Gebiet am Coloma River, an dem James W. Marstall das erste Gold fand, ein Gold Discovery State Historic Park. Sutters Sägewerk wurde wieder aufgebaut. Hunderttausende besuchen alljährlich den Park.

Ghost Towns – Gestern • Heute • Morgen

In der zweiten Hälfte des 19. Jahrhunderts bestand in den USA ein großes Interesse, die Westwärts-Bewegung zu verstärken. Die Politiker verabschiedeten entsprechende Gesetze, um die Landnahme zu erleichtern. *Das Heimstättengesetz* von 1862 öffnete landhungrigen Siedlern weite Teile des Westens. 1872 verabschiedete der Kongress ein Bergbaugesetz *(General Mining Act)*. Es gab jedermann das Recht, öffentliches Land zu betreten und nach Mineralien zu schürfen. Es genügte, ein Stück Land mit vier Pfosten abzustecken und einen formlosen Antrag zu stellen, um den Besitzanspruch auf einen *Claim* zu dokumentieren.

Gold ruft! (Foto NotCalHistory 1850, public domain)

Sie kamen aus allen Teilen der Erde. Als Bergarbeiter, Bahnarbeiter, Viehzüchter, Farmer und Soldaten legten sie den Grundstein für den Aufstieg Amerikas zur Weltmacht. Unzählige bezahlten dafür mit ihrem Leben.

Wo Gold, Silber und Kupfer entdeckt wurden, entstanden beinahe über Nacht Zeltcamps und Siedlungen mit Hunderten, Tausenden und teilweise Zehntausenden Einwohnern. Mit Bergleuten, Händlern und Handwerkern, Sheriffs, Glücksspielern, Sängerinnen, Tanzgirls und Prostituierten. Im Mittelpunkt der Siedlung stand meist ein von der Bergbaugesellschaft betriebener *Company*

Store. Die Preise lagen teilweise erheblich höher als in den Geschäften benachbarter Orte. Gelegentlich erhielten die Bergleute statt Bares einen Geldgutschein, einlösbar nur im gesellschaftseigenen Kaufladen.

Man kann über den Alltag der Bewohner spekulieren. Vielerorts herrschten Gewalt und Laster. Die Arbeitsbedingungen in den Minen waren oft unmenschlich. Aber auch die Freude am Leben pulsierte. Es wurden Familien gegründet – wenn man eine der wenigen Frauen, die im Camp lebten, heiraten konnte.

Halbdollar-Münze zum Gedenken der Goldsucher (Foto public domain)

Nur wenige dieser Camps überlebten die Zeit. Die meisten wehte die nachlassende Konjunktur und das Versiegen des Geldsegens hinweg wie der Wind welkes Laub. Oft schon nach Wochen oder Monaten. Die Siedlungen und Minen wurden verlassen, wenn der Dollar nicht mehr rollte. Sie verfielen zu Ghost Towns, zu Geisterstädten. Die Bewohner nahmen mit, was Pferd und Wagen tragen konnten. Erdhöhlen und Bretterbuden stürzten ein und mit ihnen die Markenzeichen der Siedlungen –

Deutsche Auswanderer auf den Weg in die USA (Foto Wikimedia Commens, public domain)

die Saloons. Häuslicher niedergelassen hatten sich meist nur Händler, Banken und das Gesetz. Ihre solide errichteten Gebäude widerstanden dem Zahn der Zeit länger.
Einige Ghost Towns feierten in jüngster Zeit ein Comeback. Nicht mit Gold, Silber oder Kupfer. Den begehrten Dollar liefern Rentner und Künstler. Sie stabilisieren und restaurieren. Mit ihnen kommen Touristen, die einen Hauch Wildwest einfangen wollen.
Ghost Towns sind ein Erbe Amerikas. Sie nehmen den Besucher zurück in eine Zeit, in der Millionen dem Ruf „Go West!“ folgten. Sie zu besuchen, gleicht einer Reise in eine andere Zeit. Sie beginnt mit dem Ausbruch des Goldfiebers 1848/49 in Kalifornien.
Im Angesicht der Ghost Towns des 19. und 20. Jahrhunderts fragt der nachdenkliche Besucher: Welche werden die Geisterstädte des 21. Jahrhunderts sein, wenn als Folge des Klimawandels in den Trockengebieten das so wertvolle Wasser Mangelware wird? Wenn Krisen – welcher Art auch immer – die Bewohner zwingen, ihre Heimstätte zu verlassen und für den Besitz keine Käufer finden? In zahlreichen ländlichen Orten bezeugen verlassene Häuser mit zerbrochenen Fensterscheiben, vernagelten Fenstern und eingestürzten Dächern den Wandel.

Info

Ghost Towns

sind Plätze, an dem einst Menschen lebten und arbeiteten. Es kann eine Bergbausiedlung, ein Militärstützpunkt, ein Eisenbahndepot, eine Haltestation für Postkutschen, eine Farm, ein Hollywood-Filmstudio, eine nicht mehr genutzte Eisenbahnstrecke oder ein gesunkenes Schlachtschiff gewesen sein. Eines Tages verließen die Bewohner den Ort – er verfiel zu einer Ghost Town.
Mit Geistern hat eine Ghost Town nichts zu tun. Doch Geister verkaufen sich gut. Ob die Seelen der Toten sich irgendwie bemerkbar machen (können), sei dahingestellt.
Der Begriff Ghost Town hat sich in der Literatur eingebürgert. Auch in Deutschland gibt es zahlreiche von den Bewohnern aufgegebene Siedlungen. Auf topographischen Karten sind sie mitunter als “Wüstung“ markiert.
Forscher unterscheiden mehrere Entwicklungsstufen von Ghost Towns:

1. Keine oder kaum erkennbare Spuren
2. Reste von Gebäuden und Einrichtungen. Keine Bewohner (Fort Bowie, Sego)
3. Gut erkennbare Reste von Gebäuden und Einrichtungen. Einige Gebäude sind restauriert und werden als Wohnplatz genutzt (Pearce, Mogollon)
4. Weitgehend restauriert und touristisch überformt (Tombstone, Jerome, Virginia City)

In den USA gibt es Zehntausende Ghost Towns. Viele sind unter www.ghosttown.com gelistet.

Ghost Towns leben von Geschichten

Eine Ghost Town, das ist mehr als nur die Fassade eines Kaufladens, die Mauern eines Gefängnisses, ein paar Hausruinen oder ein aufgelassener Schacht. Mit einer Ghost Town verbinden sich Geschichten über die Geschichte des amerikanischen Westens.

Über Leitern ging´s in die Tiefe

Es gibt kaum eine Ghost Town, von der nicht die eine oder andere Begebenheit überliefert ist. Alle hatten ihre „Helden“ – im Positiven wie im Negativen. Den Gunfight am O.K. Corral mit Doc Holilday oder das Gangsterleben von Billy, the Kid, haben Hollywood weltweit verbreitet. Weniger bekannt dagegen ist das tägliche Geschehen in den ehemaligen Bergbausiedlungen und Camps.

Nach dem Goldrausch der 1850er lag der Reichtum nur noch selten auf der Straße. Für Goldsucher, Bergleute und Gesellschaften wurde das Schürfen oft zum riskanten Geschäft. So auch für Emil Raddatz, der 1907 in den East Tintic Mountais Claims kaufte. Er investierte sein gesamtes Vermögen, stand unmittelbar vor dem Bankrott. Er bezahlte seine Arbeiter mit Aktien als Bares fehlte. 1916, wahrlich in letzter Minute, stießen die Bergleute auf ein hochprofitables Silbervorkommen.

Gold • Gangster • Ghost Towns führt zu weniger bekannten Plätzen und Attraktionen

- die unweit touristischer Highlights liegen und mit Wohnwagen oder Pkw gut zu erreichen sind.
- an denen man leicht vorbeifährt und ein Fotostop lohnt.
- mit einer interessanten und oft gruseligen Vergangenheit.

Ghost Town Ethik

Souvenirjäger haben in der Vergangenheit viele Ghost Towns geplündert. Sie nahmen mit, was gefiel, was sich zu Geld machen ließ. Als historisches Erbe sind diese Plätze heute geschützt (Archeological Resources Act).

Doch kriminelle Elemente stört das wenig. Immer wieder werden „Pothunter“ überführt. Denn mit archäologischen Funden lässt sich viel Geld verdienen. Die Diebe können mit einem Bußgeld bis zu 20.000 Dollar oder zwei Jahren Gefängnis bestraft werden.

Der Zahn der Zeit fordert ebenfalls seinen Zoll. Er lässt Gebäude einstürzen, verwandelt sie in einen Trümmerhaufen aus Steinen, Brettern und Balken. Nur selten ist Geld vorhanden, die Anlagen zu stabilisieren und zu restaurieren.

Ghost Town Bellmont, Nevada:
Einst Kaufhaus und Bank

Öffentliche Stellen appellieren an die persönliche Verantwortung der Besucher und werben für ein behutsames Verhalten an historischen Plätzen:

Ich will

- alle Hinweise beachten
- nur auf ausgewiesenen Plätzen campen
- alles lassen wie es ist, nichts verändern
- Grundstücke, die mit „No Trespassing“ markiert sind, nur mit Erlaubnis der Eigentümer betreten
- keine Abfälle zurücklassen
- nur Fotos für die Erinnerung mitnehmen

Auf dem Weg zum Duell am O.K. Corral

ARIZONA

1 Tombstone
und das Duell am O.K. Corral

Ed Schieffelin 1880
(Foto Wikimedia Commons, public domain)

Attraktion
Eine für Touristen auf Wildwest getrimmte Stadt.

Wo: Auf der I-10 von Tucson bis Ausfahrt Benson. Auf Hwy 80 nach Tombstone

Campen: Campingplatz im Chiricahua NM

Internet: Tombstone AZ; Doc Holliday

Geschichte

Allein der Name jagt dem Hollywood Vertrauten eine Gänsehaut über den Rücken. Silver Cities gab es viele. Ebenso Leute, die wenig mit dem Gesetz im Sinn hatten. Schießeisen waren ein gebräuchliches Kommunikationsmittel und die Luft gelegentlich auch ohne Autoabgase bleihaltig. Doch welcher Ort kann sich rühmen „Grabstein“ zu heißen?

Der Geologe Ed Schieffelin suchte 1877 in den Hügeln östlich des San Pedro River nach Gold und Silber. Diese abgelegene Gegend machten damals die Apachen unter ihrem legendären Führer Geronimo unsicher. Soldaten, die Ed zuvor getroffen hatte, warnten ihn. Sie sollen ihm prophezeit haben, er würde eher seinen eigenen Grabstein als Silber oder Gold finden. Ed ließ sich nicht beirren und entdeckte wenig später mehrere Silberadern. Seine erste Mine nannte er „Tombstone“. Sie machte ihn zu einem reichen Mann. Auch die zwei Jahre nach dem Fund gegründete Stadt erhielt diesen Namen.

1881 war Tombstone Schauplatz verschiedener Schießereien, unter anderem am O.K. Corral mit den Earp-Brüdern und Doc Holliday. In jenen Tagen eilte Tombstone der Ruf voraus, der gefährlichste Ort im Westen zu sein. Hollywood widmete diesen Ereignissen mehrere Filme und brachte die „Helden“ ins Kino und über das

Fernsehen in die Wohnstuben. Nebenbei erwähnt: Ed starb eines natürlichen Todes. Ebenso Doc Holliday, den im Alter von 36 Jahren die Schwindsucht dahinraffte. Nach dem Silberboom gegen Ende des 19. Jahrhundert dämmerte der Ort vor sich hin, wurde aber nie gänzlich verlassen. „The Town Too Tough to Die“.

Heute

Nach dem 2. Weltkrieg kamen ein paar Geschäftstüchtige auf die Idee, den Namen Tombstone zu vermarkten. „Nomen es omen“, mögen sie wohl gedacht haben. Sie schätzten die mit dem Auto gewonnene Mobilität wie auch die Schwäche ihrer Landsleute für Geschichte und Geschichten richtig ein. Außerdem hatte Hollywood in mehreren Filmen das gefährliche Leben in Tombstone bildhaft dargestellt. Eine bessere Reklame konnten sich die modernen Goldsucher nicht wünschen. Sie bauten ein Stück Hauptstraße auf, trimmten die Fassaden auf alt und verwandelten die halb zerfallene Siedlung in eine Goldgräberstadt der Neuzeit. Angeblich soll an vielen Gebäuden kein Nagel echt sein.

400.000 bis 500.000 Touristen kommen alljährlich nach Tombstone. Sie
- nehmen einen Drink im legendären Crystal Palace (FF 32)
- erleben mit viel Pulverdampf nachgestellte Schießereien
- besuchen den fotogen aufgeputzten Friedhof Boothill
- informieren sich im 1882 gebauten *Courthouse* – heute Museum und denkmalgeschützt – über Recht und (Un-)Ordnung in der alten Zeit
- flanieren auf den Brettergehsteigen der Hauptstraße und begegnen den legendären Gestalten vergangener Tage

Doc Holliday um 1880 (Foto wikimedia, public domain)

Gunfight am O. K. Corral

Der Gunfight am O.K. Corral ist als berühmtestes Revolverduell in die Geschichte eingegangen. Wyatt Earp, seine Brüder Virgil und Morgan und Doc Holliday standen gegen die McLaurys und Clantons, die als Viehdiebe und Straßenräuber ihr Unwesen trieben. Vier gegen fünf. Nur 30 Sekunden dauerte der Kampf. 29 Kugeln wurden abgefeuert. Drei Banditen lagen tot im Straßenstaub. Die beiden anderen flüchteten unverletzt. Virgil und Morgan wurden verwundet.

In mehreren Filmen von Hollywood festgehalten, gilt das Duell als Symbol für den Kampf zwischen Unrecht auf der einen und Recht und Ordnung auf der anderen Seite. Die Gründe für die Schießerei sind komplex. Über ihre Akteure gibt es unterschiedliche Ansichten.

Kein Trost für den Betroffenen

Die Earps und Doc Holliday sind die Helden. Sie vertraten das Gesetz. Nach unbestätigten Quellen sollen sie jedoch gelegentlich ihre Macht missbraucht haben. Sie drückten ein Auge zu, wenn sich die eigene Position als Glücksspieler und Saloonbetreiber festigen ließ. Denn den Earps gehörte der Crystal Palace. Auch Doc Holliday war daran beteiligt.

Die McLaurys und Clantons waren bei der Bevölkerung von Tombstone keineswegs gefürchtet. Sie galten als vergnügungssüchtige Gesellen, mit denen man auskommen konnte. Bei einigen Geschäftsleuten standen sie hoch im Kurs, steigerten sie doch mit ihrem großzügig ausgegebenen Geld die Umsätze in den Saloons.

Wyatt Earp
zählt zu den bekanntesten Gesetzeshütern des amerikanischen Westens. Er befolgte dabei den Rat seines Vaters im Kampf gegen Gesetzlose: „...schlag, wenn du kannst, zuerst zu."
Wyatt war nicht aus der Ruhe zu bringen, hatte Nerven wie Drahtseile und überlebte zahlreiche Schießereien. Er war nicht nur ein gefürchteter Sheriff. Er stand auch als Farmer, Büffeljäger, Eigentümer einer Silbermine, Kopfgeldjäger, Besitzer von Spielhallen, Kartenspieler, Schauspieler und Postkutschenfahrer seinen Mann.
Wyatt wurde aber auch wegen Landstreicherei, Diebstahl und Betrügereien verurteilt.

Doc Holliday
war ein an Tuberkulose erkrankter Zahnarzt und Berufsspieler. Er konnte mit dem Schießeisen besser umgehen als mit den Werkzeugen in der Praxis.
Wyatt Earp über seinen Freund Doc Holliday: Doc war ein Zahnarzt, Spieler und ein Gentleman, den die Krankheit zu einem Vagabunden machte; ein Philosoph, den das Leben zu einem bissigen Humoristen machte; ein hochgewachsener dünner Kerl, fast tot durch die Tuberkulose, und zugleich ein geschickter Spieler und der kühnste, schnellste und tödlichste Mann mit einer Waffe, den ich jemals kannte.

Boothill

Der Weg zu den Gräbern führt durch den Souvenirladen

Auf dem Friedhof Boothill finden sich die Gräber bekannter und unbekannterer Opfer aus der Wildwestzeit. Die meisten starben in den Stiefeln, in den Boots. Die Inschriften der Grabkreuze verraten den Grund für das vorzeitige Ableben: ermordet, gehängt oder von Dynamit getötet. Am häufigsten fotografiert werden die unverwitterten Grabbretter „Here lies Lester Moore. Four slugs from a .44. No less, no more“ und „Here lies George Johnson hanged by mistake 1882. He was right we was wrong but we strung him up and now he´s gone“. Auch die Opfer der Schießerei am O.K. Corral bekamen auf dem Boothill einen Grabstein.

Einige starben eines natürlichen Todes. So die Dutch Annie, Königin des Rotlichtviertels. Auch ein Arztfehler ist registriert: Mrs. Stump starb an einer Überdosis an Chloroform, vom Arzt verabreicht bei der Geburt ihres Kindes.

Ob die sterblichen Überreste der Begrabenen hier liegen, ist nicht überliefert. Wer sich für ihre Lebensgeschichte interessiert, findet in „The Residents of Tombstones Boothill“ von Ben T. Traywick spannenden Lesestoff.

Info

Schwingtüren à la Hollywood

Die Schwingtüren zu den Saloons sind eine Erfindung Hollywoods. Zum Türöffnen haben Film-Revolverhelden keine Zeit. Im Gegensatz zu den Saloons à la Hollywood gab es in den Old Western Saloons auch keine Tische und Stühle. Die Männer standen am Rande des Raumes mit dem Gesicht zum Zentrum und zur Tür. Ihre Drinks standen auf einem schmalen Sims hinter ihnen. Jeder konnte so jeden beobachten und den Eingang im Auge behalten. In Orten, in denen das Schießeisen locker saß, wichtig fürs Überleben. (FF32)

Unterwegs in Tombstone

Es gibt zahlreiche Wege Tombstone zu entdecken:

- **Good Enough Mine:** Von Ed Schieffelin erschlossen. Tour täglich.
- **Ghost Tours:** Mit Laternenlicht durch Tombstones dunkle Gassen. Freitag bis Sonntag.
- ***Six Gun City* Wild West Show:** täglich.
- **Courthouse Historic State Park:** 1882 gebaut. Ausstellungen veranschaulichen die Boomzeit. Offen: Donnerstag bis Montag 9 bis 17 Uhr.
- **Boothill:** Opfer verschiedener Schießerein, von Indianer-Überfällen und Unfällen im Bergbau.
- Am letzten Wochenende im Mai finden alljährlich die **Wyatt Earp Days** statt. www.tombstone.org

John Heith, 1884 von aufgebrachten Bürgern aus dem Gefängnis geholt und gelyncht (Foto New York Times 1884, wikipedia, public domain)

Sehenswertes in der Nähe

- **Fort Huachuca:** Im Museum ist die Geschichte der amerikanischen Armee im Südwesten von 1877 bis zur Gegenwart anschaulich dargestellt.

2 Fairbank

Eisenbahn-Räuber gegen Texas Ranger

Attraktion
Hammermühle und Friedhof

Wo: Ca.5 Meilen westlich von Tombstone an Hwy 182. Markiert. Die Zufahrt ist asphaltiert.

Campen: Private Campingplätze in Tombstone. Campingplatz im Chiricahua National Monument

Internet: Fairbank Ghost Town AZ

Reste der Gesteinsmühle

Geschichte

Die ersten Bewohner kamen in den späten 70ern des 19. Jahrhunderts als die Butterfield Stage Coach Line einen Haltepunkt auf dem Weg nach Tombstone einrichtete. Zuerst Junction City, dann Kendall und ab 1883 Fairbank genannt – nach einem Geldgeber für den Bau der Eisenbahn. Inzwischen hatte die New Mexico-Arizona Railroad diesen Ort erreicht und ein Depot für den Abtransport von Rindern und der von Tombstone angelieferten Erze eingerichtet. Fairbank entwickelte sich zu einem Knotenpunkt mit Abzweig nach Bisbee, Nogales und Sonora in Mexiko.

Eisenbahntrasse am Haltepunkt Fairbank. Hier schlug die Alvord-Stiles-Bande zu.

Auch Wells Fargo, Amerikas älteste Bank, hatte in Fairbank ein Büro eingerichtet. Es gab fünf Saloons, mehrere Geschäfte, drei Restaurants, ein Hotel, ein Postamt, eine Schule, ein Gefängnis und ein Hammerwerk zum Zerkleinern des silberhaltigen Gesteins. Es war die größte von sieben Gesteinsmühlen mit jeweils 10 bis 15 eisernen Hämmern, die mit Hilfe der Kraft des Wassers das erzhaltige Gestein zertrümmerten. Eine seit Jahrhunderten angewandt Technik.

Ausreichend Wasser gab es nur im Tal des San Pedro, nicht jedoch bei Tombstone. Mit Pferdewagen transportierte man das Erz zu den Mühlen.

Anfang des 20. Jahrhunderts waren die Gold- und Silbervorkommen weitgehend erschöpft. Nur wenige Bewohner blieben. Das Postamt und der Tante-Emma-Laden schlossen in den 1970ern. Fairbank verfiel zur Ghost Town.

Heute

ist Fairbank ein *National Historic Townsite.* Die Grand Central Mill, die stillgelegte Trasse der New Mexico-Arizona Eisenbahn, das Naturschutzgebiet und den Friedhof kann man auf einem rund sieben Kilometer langen Rundweg erwandern. Man sollte zuvor den Boothill Graveyard in Tombstone gesehen

Angelitas letzte Ruhestätte

haben, um das besondere dieses Friedhofs zu verstehen. Auf einer alten Flussschotterterrasse angelegt, ist es ein trockener Platz für die Toten. Ein paar verrottete, namenlose Holzkreuze, zerborstene Zementkreuze, Gräber mit und ohne Steinhaufen, verrostete Reste von Grabzäunen – mehr ist nicht geblieben. Die Anlage blieb der Natur überlassen, wurde nicht für Touristen aufgeputzt. Das Schulhaus wurde restauriert und dient heute als Besucherzentrum.

Geöffnet: Freitag bis Sonntag von 9.30 Uhr bis 16.30 Uhr.

Spuren des Bergbaus

Eisenbahn-Räuber kontra Texas Ranger

Wie die anderen Camps hat auch Fairbank seine Wildwest-Geschichte. Sie spielte im Februar 1900. Beteiligt waren Jeff David Milton, ein ehemaliger Texas Ranger und die Mitglieder der Alvord-Stiles-Gang. Fünf an der Zahl. Alvord und Stiles waren einst Vertreter des Gesetzes, die der Alkohol auf die schiefe Bahn gebracht hatte (S. 115 Shakespeare).

Milton begleitete einen Expresswagen mit einer wertvollen Wells Fargo Sendung. Als der Zug in Fairbank für Wasser stoppte, griffen die Banditen an. Milton verwundete einen tödlich, verwundete einen anderen, wurde aber selbst von einer Kugel im linken Arm getroffen, der den Knochen zersplitterte. Ein paar Einheimische griffen ein und vertrieben die Gangster. Einer floh nach Mexiko, die anderen wurden gefangen und eingesperrt. Milton kam nach San Francisco in ein Krankenhaus. Der Arzt teilte ihm mit, dass er den Arm amputieren müsse. Jeff: "The man who cuts off my arm will be a dead man:"

Das Wohnhaus des Lehrers steht noch.

Legende oder Wahrheit? Jedenfalls eine den Texas Rangern gemäße Story. Jeff behielt seinen Arm und arbeitete weiter als Postkurier.

Info

Vom Erz zum Edelmetall

Die Hämmer fielen dutzende Male in der Minute – pausenlos: 24 Stunden am Tag, sieben Tage in der Woche. 365 Tage im Jahr. Ihr ohrenbetäubender Lärm war kilometerweit zu hören. Es gab keinen Schallschutz.

Die Mühlen zertrümmerten das Gestein. Anschließend wurde das Pulver mit Wasser zu einem Brei vermischt und Quecksilber zum Ausfällen des Silbers hinzugefügt. Das Gemisch wurde erhitzt. Wasser und Quecksilber verdampften, übrig blieb das ausgefällte Silber.

Am Ghost Town Trail

Attraktion

Ghost Towns in unterschiedlichen Stadien.

Wo: Von Tumbstone auf der nur anfangs asphaltierten Gleeson Road 15 Meilen bis Gleeson. Eine Meile nach dem südlichen Ortsausgang auf den Ghost Town Trail einbiegen. 14 Meilen über Courtland nach Pearce. Nur wenige Meilen sind asphaltiert, sonst eine gut befahrbare Staubstraße. Von Pearce auf asphaltierten Straßen über Sunizona (Hwy 181) zum Chiricahua *National Monument* und auf der nur teilweise asphaltierten Apache Road zum Fort Bowie.

Campen: Campinglatz im Chiricahua National Monument und NF Campingplatz Cochise Stranghold in den Dragoon Mountains. Von Pearce über Sunsites und Ironwood Road zu erreichen. Die Zufahrt wird von der Forstverwaltung für Fahrzeuge bis 21 ft empfohlen.

Internet: Ghost Town Trail Gleeson, Gleeson AZ, Pearce AZ, Dos Cabezas AZ, Fort Bowie *National Historic Site*

Auch eine Einwohnerstatistik

Ghost Town Fairbank

3 Gleeson

Ort der Türkise

Geschichte

In den südlichen Ausläufern der Dragoon Mountains schürften schon Indianer nach Türkisen, die sie als Schmuck verwendeten. Besonders begehrt waren die blaugrünen Steine. Weiße Prospektoren fanden in den 70ern des 19. Jahrhunderts Kupfer, Silber und Blei und gründeten ein Camp. Sie nannten es Turquoise. Doch die Ausbeute war gering. Als Jimmie Pearce ein paar Jahre später weiter nördlich ein ergiebiges Gold- und Silbervorkommen entdeckte, wurde das Camp verlassen und Pearce gegründet.

1909 entdeckte John Gleeson, ein Bergarbeiter aus Pearce, unweit der verlassenen Türkis-Siedlung ein reiches Kupfervorkommen. Er eröffnete die Copper Bell Mine. Wenige Monate später lebten im neuen Camp an die 500 Leute. Sie nannten die Siedlung Gleeson. Um 1930 waren die Vorkommen erschöpft, die Minen stillgelegt. 1939 schloss das Postamt. Die letzten Bewohner verließen den Ort. Gleeson wurde eine Ghost Town.

Heute

Geblieben sind ein paar verfallene Häuser, die Lehmziegelmauern des Hospitals, die Grundmauern der Schule und das Gefängnis. Das Ortsschild liefert eine interessanten Einblick in die Einwohnerstatistik. (F S. 22) Ob sie stimmt, wäre zu überprüfen. Ich traf keinen, den man als „Einheimischen“ hätte einstufen können, fand aber zwei restaurierte, vermutlich bewohnte Gebäude.

Ehemaliges Wohnhaus in Gleeson

3 Courtland

Eine echte Ghost Town

Geschichte

Eine Siedlung, in der Anfang des 20. Jahrhunderts an die 2000 Menschen lebten. Die Bergleute förderten vor allem Kupfer. Allein von der Germania Mine an die 2 Millionen Pfund. Um 1920 waren die Vorkommen weitgehend erschöpft. In den 30ern kam das entgültige Aus.

Nur das Gefängnis von Coutland überlebte

Heute

ist Courtland eine echte Ghost Town. Es steht nur noch das Gefängnis. Der massive Betonklotz überlebte die Zeit. Die anderen Gebäude wurden abgerissen, ausgeschlachtet oder von der Wüste verschluckt. Geblieben sind ein paar Fundamente. An den Berghängen um Courtland führen schmale Straßen zu alten, offenen Schächten. Wer hier auf Erkundung geht, muss vorsichtig sein.

3 Pearce

Vom Gesetzeshüter zum Banditen

Geschichte

Jimmie Pearce fand per Zufall unweit von Gleeson ein reiches Goldvorkommen. Er verkaufte seinen *Claim* für 250.000 Dollar. Die Commonwealth Mine entstand, die von 1894 bis 1933 insgesamt Gold im Wert von über 15 Millionen Dollar förderte und eine der ertragreichsten in Arizona war. Bis zu 2000 Leute wohnten in den Boomjahren in Pearce. Die Große Depression in den 1930ern überrollte auch Pearce. Die Minen schlossen, die Arbeiter zogen weg, die Eisenbahn baute die Schienen ab – der Ort verfiel zur Ghost Town.

Eine Wild West Karriere
In Pearce verlief der Alltag nicht immer friedlich. Besonders, wenn Bergleute und Cowboys auf einen Drink kamen. Ein Sheriff sollte es richten. Die Gemeinde heuerte George Bravin an, der wiederum 1896 Burton Alvord einstellte. Burton ging der Ruf eines furchtlosen Vertreters des Gesetzes voraus. Eines Tages traf Burton Billy Stiles. Die beiden fanden, dass es erträglichere Wege des Geldverdienens gab und gründeten die Alvord-Stiles-Gang. In Willcox machte Burton sich als Killer und mit Zugüberfällen einen Namen (S. 21).

Heute

In der jüngsten Vergangenheit erwachte Pearce zu neuem Leben. Die Volkszählung 2000 registrierte 15 Einwohnern. Der alte Tante-Emma-Laden wurde restauriert, war aber 2010 geschlossen, die Fenster teilweise vernagelt und die Immobilie zum Kauf ausgeschrieben. (FF 28) Auch die Commenwealth Mine wartet auf einen Käufer.

Das Kaufhaus in Pearce wartet auf einen Käufer

3 Dos Cabezas

Geschichte

Butterfield Overland Kutsche (Foto public domain)

Wer den Ghost Town Trail befährt, sollte in Dos Cabezas für einen Fotostop halten.

Eine Quelle brachte erste Siedler in das Gebiet. Die Butterfield Stage Coach Line wechselte hier die Pferde. Ein Goldsucher entdeckte 1875 nahebei eine reiche Kupferader. Aus dem Camp wurde bald eine Siedlung mit

Saloons, Tanzhalle, Schule und einem Kino. Das Geschäft florierte 20 Jahre, bis der Kupfersegen versiegte. Die Mine schloss. Über 300 Beschäftigte verloren ihren Job. Eine Alternative vor Ort gab es für sie nicht. Sie zogen weg. Dos Cabezas begann zu sterben.

Heute

Heute hat sich das Bild gewandelt. An der Straße nur noch wenige verfallene Gebäude. Mehrere Gebäude sind restauriert, ein Hausdach ist in seiner ganzen Länge mit Solarpaneln bestückt.

3 Fort Bowie

Zeugnis eines bitteren Konflikts

Geschichte

Der Postkutschenverkehr zwischen Santa Fe und Tucson führte seit 1857 über den Apache Pass. Nach der Bascom Affäre (S. 30) und dem Beginn des Bürgerkriegs zwischen den Nord- und Südstaaten kam er zeitweise zum Erliegen. Reisen war zu gefährlich. Denn die Apachen überfielen die Stationen und die Kutschen.

Fort Bowie um 1893 (Foto © NPS)

Im Juli 1862 griffen sie am Apache Pass eine amerikanische Einheit an. Sie war auf dem Weg nach New Mexico, um dort in den Kampf gegen die Truppen der Südstaaten einzugreifen. Erst nach dem Einsatz von Haubitzen konnte das Militär die Indianer vertreiben.

Zum Schutz der Siedler und der Reisenden errichtete man nahe der Butterfield

Haltestation im gleichen Jahr Fort Bowie. Anfangs war Bowie nur ein Militärcamp mit Zelten. Im Laufe der Zeit baute man es zu einem Fort mit festen Gebäuden aus. Bis zu 200 Soldaten waren hier stationiert. Weitere 100 Zivilpersonen wohnten im Fort, in der einen oder anderen Weise mit dem Militär verbunden. Unter ihnen Emma Sophia Peterson, die ein kleines Hotel betrieb. Ihre Geschichte ist erzählenswert, sowohl als Love-Story und als auch als Spiegelbild eines entbehrungsreichen Pionierlebens in jenen Tagen.

Fort Bowie wurde 1896 aufgelöst, teilweise zerstört und dem Verfall überlassen.

Wohnhaus des Kommandanten (Foto © NPS)

Heute

Der 2,5 km lange, leicht zu begehende Weg zum Fort beginnt an der Apache Pass Road (Wegweiser), führt durch die Sonora Wüste mit ihrer typischen Vegetation und passiert die Reste der *Butterfield Coach Station*.

Fort Bowie heute (Foto © NPS)

Ein paar Reste von Lehmziegelwänden und Grundmauern, das ist alles, was von Fort Bowie geblieben ist. Es ist heute ein *National Historic Site*. Das Besucherzentrum ist täglich außer Weihnachten von 8 Uhr bis 16:30 geöffnet.

Eine Love Story

Die Geschichte beginnt in Schweden in der zweiten Hälfte des 19. Jahrhunderts. An ihrem letzten Schultag hatte der Lehrer Emma Sophia Peterson geraten, weiter zur Schule zu gehen und Lehrerin zu werden. Freudestrahlend kam Emma nach Hause und erzählte es ihrer Stiefmutter. Die Antwort der Mutter: „Nein!“.

Dieses „Nein!“ wurde für Emma wegweisend für den Rest ihres Lebens. Sie wollte nicht Hausgehilfin ihrer Stiefmutter sein, ein billiges Kindermädchen bei der Betreuung ihrer vier Stiefschwestern. Von diesem Tag an bereitete sie heimlich die Abreise zu ihrem Bruder in Amerika vor.

1873 – Emma war 19 Jahre alt – verließ sie Schweden für immer. Es folgten zehn abwechslungs- und entbehrungsreiche Jahre. 1883 arbeitete sie als Haushälterin für den Militärkommandanten von Fort Craig. Hier traf sie Nail Erickson, einen Landsmann, der vor wenigen Jahren in die USA eingewandert und beim Militär gelandet war. Zwei junge Menschen in einem abgelegenen Militärcamp, die nach Jahren wieder in der Mutter-

sprache sprechen konnten – da gab es viel zu erzählen über ihr Leben in Schweden und ihre Träume für die Zukunft.
Um es kurz zu machen: Eines Abends machte Nail seiner Landmännin einen Heiratsantrag. Emma, Tochter eines schwedischen Offiziers, wusste um den gesellschaftlichen Wert eines Ranges. Ihre Antwort: „Ich heirate keinen Soldaten. Werde Offizier!“ Auch in der amerikanischen Armee waren Offiziere eine Kaste für sich. Als ein Einwanderer ohne traditionsreiche und gut betuchte Familie und ohne Besuch der West Point Militärakademie hatte Nail keine Chance.
Drei Jahre später: Nail war zum Hauptfeldwebel aufgestiegen. Emma betrieb in Fort Bowie ein kleines Hotel. Der Krieg gegen die Apachen endete mit der Deportation der Indianer nach Florida und Oklahoma. Auch Nails Dienstzeit ging zu Ende. Die beiden heirateten und kauften im nur zehn Meilen von Fort Bowie entfernt gelegenen Bonito Canyon ein Stück Land – 160 Acres mit einem Zwei-Raum-Haus – die Faraway Ranch. Es folgten harte Jahre. Die Farm erwirtschaftete nur das Überlebensnotwendige. Zeitweise arbeiteten Emma und Nail als Ranger während ihre Kinder das Vieh versorgten.

Faraway Ranch heute

Emma starb mit 94. Nach dem Tod ihrer Kinder kaufte 1979 die Nationalparkverwaltung die Ranch und restaurierte das Farmhaus. Auf geführten Touren kann das Gebäude besichtigt werden. Die Geschichte der Ericksons, ihrer Kinder und der Faraway Ranch hat Betty Leavengoal ausführlich in einer Broschüre beschrieben. Es ist eine Liebesgeschichte und ein Pionier-Schicksal voller Dramatik, ein Leben voller Hoffnung, Glück und Entbehrungen.

Info

Butterfield Overland Mail

Wer bis 1858 von der Ostküste der USA nach Kalifornien wollte, für den gab es drei Reisewege:

1. Eine Seereise um die Südspitze von Südamerika, um Kap Horn. Sie dauerte ein halbes Jahr.
2. Eine See-Land-Seereise über Mittelamerika dauerte Monate.
3. Mit der Eisenbahn von New York bis St. Louis am Mississippi oder St. Joseph am Missouri. Mit einem Treck auf dem Mormonen Trail, dem Oregon oder Santa Fe Trail bis zur Pazifikküste. Auch hier waren die Reisenden Monate unterwegs.

Seit 1858 verband der Butterfield Overland Trail den Osten mit den Westen. John Butterfield hatte die Ausschreibung der amerikanischen Regierung gewonnen, einen Postdienst zwischen von St. Louis und Memphis im Mittleren Westen und San Francisco in Kalifornien einzurichten. Dieser Dienst gilt als Vorläufer zum Informationszeitalter.
Die Strecken der beiden Ausgangspunkte im Osten trafen sich in Fort Smith und folgten dann dem Butterfield Overland Trail nach El Paso in Texas, querten den Apache Pass in Arizona, erreichten Fort Yuma am Unterlauf des Colorado und Los Angeles und San Francisco. Eine Strecke über 4480 Kilometer (Karte Umschlag innen). Butterfield hatte sich verpflichtet, die Post in 25 Tagen ans Ziel zu bringen. Zweimal wöchentlich lieferte der Postdienst den Menschen in Ost und West Briefe, Pakete und Informationen. Dafür bezahlte der Staat jährlich 600.000 Dollar.
Butterfields Botschaft an die Postkutschenlenker: „Denkt daran, Jungens! Nichts auf Gottes Erde darf die Post der USA aufhalten!“

Ein Wagenlenker musste ein ganzer Kerl sein und alle Gefahren meistern können. Charley Parkhust war einer von ihnen. Ein Haudegen – trinkfest, der zum Gotterbarmen fluchen konnte. Nach seinem Tod stellte sich heraus: Charley war eine Frau.
Erstmals startete der Service am 28. September 1858. Die Kutschen erreichten am 25. Tag ihr Ziel. Eine logistische und organisatorische Meisterleistung, an der rund 2000 Leute in 240 Stationen und über 1800 Pferde und Mulis entlang der Strecke zum Einsatz kamen.
Die Butterfield Overland Line beförderte auch Passagiere, anfangs für 100, später für 200 Dollar.
An den Stationen stoppten die Wagen für kurze Zeit, um die Muli oder Pferde auszuwechseln, von denen unterwegs das letzte gefordert wurde. Die Fahrgäste erhielten für 50 Cent eine karge Mahlzeit: Brot, getrocknetes Fleisch, Bohnen und Kaffee.
Mark Twain, der 1862 in der Overland Kutsche nach Westen reiste, beschrieb das Gefährt als „ein Sarg auf Rädern“. Ein anderer Passagier notierte: „... ein 38 Zentimeter tiefer Sitz, ein fetter Mann an der einen, eine Frau mit Baby auf dem Schoß an der anderen Seite, über dem Kopf eine große Hutschachtel und gegenüber drei Passagiere – alle Knie an Knie.“
Für die schwierigen Strecken hatte Butterfield einen besonders schmalen und leichten Wagen konstruieren lassen. Trotzdem mussten an einigen Stellen – wie am Apache Pass – die Passagiere aussteigen und schieben. Kein Wunder, wenn Reisende einige Pfund an Gewicht verloren.
Bis zur Bascom Affäre im Januar 1861 (Info S. 30) kamen die Butterfield Wagen nur dreimal verspätet in San Francisco an und wurden nur einmal von Apachen überfallen. Die Indianer belieferten sogar einige Poststationen mit Brennholz – im Austausch gegen Lebensmittel, Decken und Kleidung.
Nach der Bascom Affäre überfielen die Apachen die Wagenkolonnen und töteten Wagenlenker und Passagiere. Allein im Gebiet der Dragoon Mountains 14 Personen. Der Service musste zeitweise eingestellt werden. Zum Schutz der Reisenden und der Siedler errichtete das Militär am Apache Pass das Camp Bowie.
Es war dem Mut von Tom Johnson – Stationsvorsteher von Dragoon Spring – zu verdanken, dass in seinem Bereich die Überfälle aufhörten.
Nach dem Bau der ersten transkontinentalen Eisenbahnstrecke 1869 (S. 98) wurde der Service eingestellt.

Apachen contra Weiße – Die Bascom Affäre

In einer Vereinbarung zwischen dem amerikanischen Militär und den Chiricahua Apachen unter ihrem Führer Cochise waren den Indianern die Dragoon Mountains als Wohn- und Jagdgebiet zugesprochen worden. Hier sollten sie unbehelligt leben können. Das Friedensabkommen endete 1861 nach einem fatalen Fehler des jungen, unerfahrenen Leutnants George Bascom.

Bascom erhielt im Februar 1861 den Auftrag, einen von Indianern gefangen genommenen Jungen und gestohlene Pferde zu finden. Cochise und seine Männer galten als Täter. Fälschlicherweise, wie sich später heraus stellte. Bascom verhaftete den Apachenhäuptling. Der beteuerte seine Unschuld. Das Militär glaubte ihm jedoch nicht. Es gelang Cochise, unter einem Kugelhagel zu entkommen.

Nach Cochise´s Tod wählte die Apachen Geronimo zum Kriegshäuptling (re) (Foto public domain)

In den folgenden Tagen eskalierten die Auseinandersetzungen zwischen Militär und Apachen. Die Soldaten und Indianer nahmen Gefangene und brachten sie um. Hass und Verbitterung wuchsen. Es kam zu einem regelrechten Krieg, der elf Jahre dauerte. Erst 1872 vermittelte Tom Jeffords, ein Blutsbruder Cochise, einen Friedensabschluss.

Sehenswertes in der Nähe

- Dragoon Mountains und Chiricahua National Monument mit skurrilen Felsgebilden. Detaillierte Info in „Sonara Wüste“, Band 4 in der Reihe „Unterwegs im Wilden Westen“.

4 Bisbee

„Little San Francisco”

Attraktion

Riesiger Kupfertagebau, viktorianische Architektur.

Wo: I-10 Ausfahrt 304 auf Hwy 80 nach Besbee

Campen: Mehrere private Campingplätze in Bisbee

Internet: Bisbee AZ;
The Industrial Workers of the World

Geschichte

Bisbee um 1900. Die Kupferschmelzen haben die Hänge kahlgefressen (Foto © Michael London)

Die Geschichte von Bisbee beginnt 1877 als Jack Dunn in den Mule Mountains Kupfer entdeckte. Als Angehöriger der Armee konnte Jack während seiner Dienstverpflichtung das Erz nicht abbauen. Er beauftrage damit den Pospektor George Warren. Doch der betrog ihn in seiner Abwesenheit. Jack verkaufte seinen *Claim*, der als Copper Queen Mine den Ort Bisbee zu einer Art Welthauptstadt des Kupfers machte.

Die Copper Queen Mine schrieb Geschichte, die 1975 ein vorläufiges Ende fand. Eine Erfolgsgeschichte, die mit Kupfer zwei Milliarden und mit Blei, Zink und Gold Hunderte von Millionen Dollars in die Kassen der Bergbaugesellschaften spülte. Bisbee wurde in den späten 80ern des 19. Jahrhunderts die „Queen of the Copper Camps": Der Reichtum schlug sich in einer prunkvollen viktorianischen Architektur der Gebäude nieder. Es gab sogar eine künstlich angelegte Eisbahn – in einer Wüstenlandschaft. Damals erhielt die Stadt den Beinamen „Little San Francisco".

Das Copper Queen Hotel bedient seit 1902 Gäste.

Im Sommer 1917 streikten rund 1500 Bergleute. Die Männer stammten vorwiegend aus europäischen Ländern. In einer Zeit, in der die USA im Ersten Weltkrieg gegen das Deutsche Reich und

Österreich-Ungarn kämpfte, befürchtete die amerikanische Wirtschaft und Regierung eine Unterbrechung der kriegswichtigen Kupferförderung.
Noch 1972 und 1973 förderte die Durango Silver Company aus den Abfallhalden der Lavender Mine knapp 1000 Kilogramm Türkise in guter bis sehr guter Qualität (FF 17).
Das erste Hotel am Platze, das Copper Queen Hotel, beherbergte alle, die Rang und Namen hatten. Auch Präsident Teddy Roosevelt übernachtete in der Copper Queen.
Mit dem Ende des Abbaus verlor Bisbee den größten Teil seiner Einwohner. Waren es während der Boomzeit an die 35.000, sank die Zahl nach 1975 auf 5500.

Heute

sind es wieder an die 6000. Besonders Rentner, Künstler und Handwerker haben in den vergangen Jahren in Bisbee ein neues Zuhause gefunden. Eines Tages, wenn die Nachfrage steigt und die Preise für die Rohstoffe wieder den Abbau lohnen, könnte die Erfolgsgeschichte von Bisbee eine Fortsetzung finden (FF 24).
Das Bergbaumuseum bietet dem Besucher neben Infos über die Geschichte auch einen Gang durch einen nachgebauten Stollen. Für einen Spaziergang durch das historische Bisbee erhält man im Museum drei informative Schriften. Oder man schließt sich Michael London an und entdeckt mit ihm eine Schule, die zu jedem Stockwerk einen ebenerdigen Eingang hat, den Friedhof mit den Gräbern von Bergarbeitern, das Bergarbeiterdenkmal aus Kupfer (FF 9) und den Tagebau der Lavender Mine. Fragen Sie im Besucherzentrum nach Michael.

Bergleute in der Wüste ausgesetzt

Auch Bisbee hat seine Geschichten. Eine berichtet von einem Bergarbeiteraufstand im Sommer 1917. Damals streikten rund 1500 Bergleute für mehr Sicherheit unter Tage, für gleichen Lohn bei gleicher Arbeit und gegen die Benachteiligung von Mitgliedern der Gewerkschaft. Der Streik wurde angeführt von der Industrial Workers of the World. Dieser international und kommunistisch ausgerichteten Gewerkschaft wurden staatsfeindliche Ziele unterstellt. Sie hatte gegen den Kriegseintritt der USA gestimmt.
Die Bergbaugesellschaft lehnte alle Forderungen unter Hinweis auf den Krieg ab. Für Kupfer als kriegswichtigen Rohstoff gab es keinen Ersatz. Die Förderung durfte nicht unterbrochen werden. Zudem war der Preis pro Pfund

Kupfer seit Beginn des Ersten Weltkriegs von 13,5 auf 37 Dollar gestiegen.

Es kursierte in Bisbee auch das Gerücht, dass die Gewerkschaft von Deutschen unterwandert sei. Die Mitglieder sollten Waffen und Sprengstoff besitzen und Sabotageakte vorbereiten. So bestand ein politisches und wirtschaftliches Interesse, eventuell aufkommende Unruhe schon im Keime zu ersticken. Unter massivem Druck der Bergbaugesellschaft befahl Sheriff Harry Wheeler bewaffneten Hilfskräften, die Streikenden zusammenzutreiben, in Viehwaggons zu verfrachten und in New Mexico auszusetzen. Insgesamt 1185 Männer wurden bei dieser Aktion abgeschoben.

Der Streik endete mit der Deportation von 1185 Bergleuten (Foto © Michael London).

Eine Kommission in Washington D.C. untersuchte und verurteilte später die Zwangsdeportation. Sie stellte aber keine strafbare Handlung im Sinne bestehender Gesetze fest. Keiner wurde zur Verantwortung gezogen.

Sehenswertes in der Nähe

- **Coronado National Memorial:** Auf der Suche nach den „Sieben Goldenen Städten“ kam der spanische Eroberer Coronado 1540 mit seiner Expedition über den Montezuma Pass. Das Besucherzentrum des Memorial informiert auch über den Bergbau in den angrenzenden Bergen.

5 Ruby

Ein brutaler Raubüberfall

Attraktion
Ghost Town der Spitzenklasse

Wo: Wer nach Nogales fährt, sollte Ruby nicht auslassen. Von Tucson auf der I-19 in Richtung Nogales bis Arivaca Rd (Ausfahrt 43). Auf dem kurvenreichen Hwy 289 nach Arivaca und dann 12 Meilen auf der Ruby Rd nach Ruby. Davon die Hälfte asphaltiert. Zufahrt ist nicht mit großem Wohnwagen zu empfehlen. Von Ruby zur I-19 und nach Nogales.

Achtung: Im Grenzgebiet zu Mexiko suchen amerikanische Grenzpolizisten nach Drogenschmugglern und illegalen Einwanderern. Reisepass griffbereit halten.

Campen: RV-Park in Nogales; im Grenzgebiet freies Campen vermeiden.

Internet: Ruby AZ Ghost Town

Geschichte

In den 1850ern fanden Charles Poston und Henry Ehrenburg am Fuße des Montana Peak Gold, Silber, Blei, Zink und Kupfer. Der Abbau scheiterte lange Zeit an kriegerischen Apachen. Erst in den 1870ern gelang ein bescheidener Anfang. Die Boomzeit dauerte von 1926 bis 1940. Bis zu 1200 Leute lebten in Ruby, wohnten meistens in Zelten oder einfachen Lehmhütten. An die 300 Bergleute arbeiteten in der Mine. Im Georay Haus bestimmte der Chemiker den Metallgehalt des Erzes. Er starb 1936 an einer Quecksilbervergiftung. Die Montana Mine war einige Jahre Hauptlieferant für Zink und Blei. 1940 stellte sie die Förderung ein. Ruby verfiel.

Wie die meisten Bergbaucamps hatte auch Ruby seine Wildwest-Geschichten. Sie bekamen einen besonderen Akzent durch die Nähe zu Mexiko. Mehrmals überfielen Banditen die Siedlung. 1920 töteten sie den Manager des Kaufladens. Ein Jahr später kamen sie wieder.

Heute

Ruby ist in Privatbesitz. Mit über zwei Dutzend Gebäuden zählt der Ort zu den

Stabilisieren und restaurieren – ein aufwendiges und teures Ghost Town Hobby (Foto © liamphoto)

gut erhaltenen Ghost Towns (FF 33). Er wurde in das National Register of Historic Places aufgenommen. Mit Hilfe staatlicher Zuschüsse werden Gebäude und Anlagen restauriert. Besucher können ungehindert auf Entdeckungen gehen. Im gut erhaltenen Schulhaus wurden bis zu 150 Kinder unterrichtet. Vom Einkaufsladen blieben nur ein paar Mauerreste stehen. In einem offenen Schacht sind noch Leitern angebracht, über die einst die Bergleute zu ihren Arbeitsplätzen hinabstiegen. Von Mai bis September nisten hier über eine Million Fledermäuse. Es ist ein besonderes Erlebnis, wenn sie nach Sonnenuntergang ausfliegen und Insekten jagen. 4000 Kilo sollen sie Nacht für Nacht vertilgen.
Offen: Donnerstag bis Sonntag ab 10 Uhr. Gebühr.

Tragödie in Ruby

Die einsame und wildzerklüftete Landschaft südlich der Atascosa Mountains war vor 100 Jahren bekannt als Zufluchtsstätte Krimineller. Sie stellten eine alltägliche Bedrohung für Viehzüchter und Goldsucher dar. Die Nogales Weekly Oasis schildert einen besonders brutalen Überfall:

Am Morgen des 26. April 1921 betraten sieben mexikanische Cowboys den General Store in Ruby und verlangten Tabak. Als Philip Phearson seine Kunden bediente, schoss einer der Cowboys und verwundete Philip tödlich. Philips Tochter Irene, Zeugin des Überfalls, rannte schreiend in den hinteren Teil des Hauses. Auch Myrtle, Phearsons Frau. Einer der Banditen sah die Goldzähne in Myrtles Mund. Er schoss ihr in den Nacken und schlug ihr mit der Pistole die fünf Zähne heraus. Dann schossen die Gangster den Safe auf, nahmen alles von Wert mit und bedienten sich aus den Vorräten.

Das völlig verstörte Mädchen lief zum nächsten Nachbarn, 13 Kilometer entfernt und berichtete den Überfall. Als der Sheriff mit seinen Leuten zum General Store kam, fanden sie Philip tot mit 2 Kugeln im Rücken, Myrtle mit einer Kugel im Genick und einer im Hinterkopf und einem zertrümmerten blutigen Unterkiefer.

Einst General Store – Schauplatz blutiger Raubüberfälle.

5000 Dollar Kopfgeld wurden auf jeden Banditen ausgeschrieben. Trotz der Mitarbeit der mexikanischen Polizei gelang es nicht, sie zu fangen. Erst ein Jahr später entdeckte ein Sheriff eine heiße Spur. Er stand an der Bar einer Kneipe als der Barkeeper einem Gast – der Sheriff traute seinen Augen nicht – fünf Goldzähne zum Kauf anbot. Es waren Myrle Phearsons Zähne.

Befragt, erzählte der Barkeeper, dass er sie von einem anderen Kunden, von Manuel Martinez gekauft hatte. Die Polizei kannte Manuel. Er war oft zusammen mit Placido Silvas gesehen worden. Beide wurden des brutalen Überfalls auf die Phearsons beschuldigt. Silvas wurde verhaftet, von Zeugen überführt und zu lebenslanger Haft verurteilt. Fünf Jahre später gelang ihm die Flucht. Er verschwand spurlos.

Info

Menschen- und Drogenschmuggel an der Grenze zu Mexiko

Hunderttausende Mexikaner versuchen Jahr für Jahr illegal in die USA einzuwandern. Sie suchen Arbeit und erhoffen ein besseres Leben. Im dichten Netz der Grenzüberwachung bleiben viele hängen, werden zurückgeschickt. Sie versuchen es immer wieder. Nach Angaben der Grenzpolizei in Nogales fingen sie einen schon 94-mal. Die Illegalen werden von Schleppern über die Grenze gebracht, manche in Sandalen und ohne ausreichend Wasser. An die 200 Grenzgänger kommen dabei Jahr für Jahr um, verdursten in der Sonora Wüste. Wir trafen in der Ghost Town Ruby zwei Amerikaner, die diesen Menschen mit Wasser helfen.
Gefährlich sind bewaffnete Drogenschmuggler. Drogen sind ein Milliardengeschäft. Wer sich in Mexiko der Drogenmafia entgegenstellt, wird liquidiert. Jahr für Jahr sterben Tausende. Die Gewalt greift auch auf amerikanisches Gebiet über. Im Organ Pipe Cactus National Monument erschossen Schmuggler einen Ranger.

Sehenswertes in der Nähe

- **Cerro Colorado Mine:** Auf der Arivaca Road nach ca. 14 Meilen (zwischen MP 8 und 9) kommt von Westen die Circle Road. Auf dieser 300 bis 400 Meter bis zur Cerro Colorado Mine mit dem Grab von John Poston, ermordet 1861 von mexikanischen Banditen. John war der Bruder des legendären Charles D. Poston, der bereits 1852 in den Santa Rita Mountains Gold und Silber förderte. Er ging als „Vater von Arizona" in die Geschichte ein.
- **Atascosa Fire Lookout:** Von Ruby der nichtasphaltierten, schmalen Straße in Richtung Nogales folgen. Nach einigen Meilen rechts ein kleiner P und gegenüber der TH zum Lookout. Hier arbeitete der Schriftsteller Edward Abbey in den 1950ern als Ranger. Einzelheiten in Band 4 der Reihe „Unterwegs im Wilden Westen".
- **Nogales:** Zweigeteilte Grenzstadt mit 21.000 Einwohnern auf der amerikanischen und über 200.000 auf der mexikanischen Seite. Tipp! Für einen Kurzbesuch auf der amerikanischen Seite parken. Achtung! Viele angebotenen Markenartikel sind Fälschungen.
- **Tumacacori National Historic Park:** Schützt eine von Pater Kino 1691 eingerichtete spanische Mission mit einer Kirchenruine. Ausfahrt 26 an der I-19.

6 Empire Ranch
Imperium für Rinder

Attraktion
Ehemalige Ranch mit Informationen über die Geschichte eines Rinder-Imperiums – eine der best erhaltenen Ghost Town Ranches im Südwesten. Wildlife Project zur Restaurierung des Ökosystems.

Wo: 1. Im Anschluss an die Ruby Ghost Town von Nogales auf Hwy 82 und 83 bis MP 39/40 mit markiertem Abzweig zur Ranch.
2. Von Tucson auf I-10 nach Osten bis Ausfahrt 281. Auf Hwy 83 bis Abzweig zwischen MP 40/39. Zufahrt für alle Fahrzeuge. Nahe MP 40 überprüft die Grenzpolizei alle Fahrzuginsassen, die in Richtung Tucson fahren. Pass bereithalten.
Campen: Von Hwy 83 zwischen MP 37/38 auf die Straße zum Kentucky Camp einbiegen. An der Kentucky Road gute Plätze für freies Campen.
Internet: www.empireranch.com; http://sites.google.com/site/frogsotsprogram; Kentucky Camp

Geschichte
Dieser Teil Arizonas gehörte bis 1853 zu Mexiko. Nach dem *Heimstättengesetz* von 1862 kaufte ein Viehzüchter 160 Acres Land (65 Hektar) Er baute 1871 ein einfaches Haus mit vier Räumen, das in wenigen Jahren um weitere 25 Räume erweitert wurde. In der Boomzeit weideten bis 40.000 Rinder auf rancheigenem

Empire Ranch heute

Brandzeichen

und gepachtetem Land. 1879 wurde Silbererz entdeckt. Die Mine förderte bis 1887 Silber im Wert von einer halben Millionen Dollar. Das Geld trug entscheidend zum Aufbau der Ranch bei.

Hollywood nutzte die Anlagen als Kulisse für mehrere Filme, u. a. für „Red River“ mit John Wayne. 1988 erwarb das *BLM* die Empire Ranch.

Heute

ist die Ranch ein *National Historic Site*. Mehrere Gebäude wurden restauriert. Das Hauptgebäude mit originalem Möbeln ist frei zugänglich. Infotafeln beschreiben die ehemaligen Funktionen. Der Heritage Discovery Trail liefert anschauliche Einblicke in das Leben auf einer Großranch und das Ökosystem. Mit dem Las Cienegas Wildlife Project versucht man, bedrohte heimische Tiere und Pflanzen (z. B. den Chiricahua Leopard Frosch) gegenüber Einwanderern (z. B. den Ochsenfrosch) zu schützen und ursprüngliche Lebensformen wieder herzustellen.

Freiwillige Helfer schufen einen informativen Lehrpfad.

7 Old Tucson

Filmkulisse • Ghost Town • Freizeitpark

Attraktion
Ein Hollywood Movie Site und ein aktionsreicher Freizeitpark.

Wo: Von Tucson auf Hwy 86 (Ajo Hwy) nach Westen bis zur S. Kenney Road. Auf dieser zum Freizeitpark Old Tucson.
Campen: Gilbert Ray Campground an der S. Kenney Road westlich von Old Tucson

Internet: www.oldtucson.com

Geschichte

Old Tucson ist – wie der Johnson Movie Site bei Kanab in Utah (S. 90) – eine

Konstruktion von Hollywood. Zwar suchten und fanden Bergleute auch in den Tucson Mountains Gold, Silber und Kupfer. Wanderer entdecken immer wieder Spuren von Bergbauaktivitäten. Doch es gab keine Siedlung und keine Ghost Town. Dafür baute Hollywood 1939 die Wildweststadt Old Tucson mit rund 50 Gebäuden als Kulisse für den Film „Arizona". Nicht nach der Fantasie, sondern nach alten Plänen und Fotos, die Tucson um 1860 zeigen.

Zugüberfall – Freizeitspaß für Familien
(Foto © Old Tucson Studios)

Nach der Filmpremiere vor zehntausend geladenen Gästen kehrte für fast 20 Jahre Ruhe in Old Tucson ein. Bis Bob Shelton das Old Tucson Studio übernahm und erneut zu einem Movie Set und zu einem Freizeitpark für Familien ausbaute. Für „Rio Bravo", El Dorado", „Gunfight at the O.K. Corral", und TV-Serien wie „Bonanza" und „Little House on the Prairie" lieferte Old Tucson die Kulisse. Insgesamt für mehr als 300 Filme und TV-Shows. Old Tucson wurde zum „Hollywood in der Wüste" (FF 20).

Heute

Old Tucson ist eine auf Wildwest getrimmte Kulisse mit einer Bahnstation der South Pacific Lines, an der kein Zug mehr hält, mit Saloons, mit einer Kirche, einem Schulhaus und einer Dampflokomotive aus dem Jahr 1872. Dazu kommen pulverreiche Gunfights, spektakuläre Bank- und Bahnüberfälle, akrobatische Stunt Shows, Cowboy Geschichten und farbenfrohe Cancan Musicals. Eine Fahrt mit dem Huntington Zug – einschließlich Überfall – und in einer vierspännigen Postkutsche runden das Angebot.

Offen: Täglich ab 10 Uhr; Gebühr

Sehenswertes in der Nähe

- Arizona-Sonora Desert Museum: Veranschaulicht hervorragend den Lebensraum einer Halbwüste und wird von freiwilligen Helfen erklärt.
- Saguaro National Park West and East: Ökosystem Halbwüste am Rande einer Großstadt.
- Benson: Mescal Movie Site, eine Filiale von Old Tucson

8 Goldfield und Lost Dutchman Gold Mine

Attraktion
Auf Wildwest getrimmte Ghost Town mit Untergrundtour.

Wo: Von Phoenix auf Hwy 89 nach Osten bis zur Apache Junction und auf Hwy 88 nach Goldfield.
Die Zufahrt ist asphaltiert.
Campen: Lost Dutchman *State Park*; auf dem Gelände von Goldfield

Internet: Lost Dutchman Gold Mine AZ; Goldfield Ghost Town AZ

Geschichte

Auf einem Hügel zwischen den Superstition und den Goldfield Mountains fanden Goldsucher 1882 eine hochkarätige Goldader. Fünf Jahre währte der Boom. Die Bergleute förderten Gold im Wert von drei Millionen Dollar. Es gab drei Saloons, eine Unterkunft für ledige Bergleute und eine Brauerei. Auch eine Schule. Als der Goldsegen nachließ, verließen die Bewohner den Ort. Goldfield wurde eine Ghost Town.

Unter Einsatz neuer Techniken erlebte der Platz im 20. Jahrhundert unter dem Namen Youngsburg eine Wiedergeburt. Die zweite „Goldzeit" dauerte von 1910 bis 1926. Auch Youngsburg starb. Doch das war nicht das Ende.

Heute

Goldfield Ghost Town

Bob Schoose, ein Ghost Town Fan, entdeckte 1970 Goldfield. Nur ein paar Grundmauern und Spuren von Schächten waren geblieben. Bob erfüllte sich den Traum seines Lebens. Er kaufte 1984 die alte Mine und baute Goldfield wieder auf. Heute ist der Platz eine für den Tourismus auf authentisch getrimmte Ghost Town. Mit Gunfights am Wochenende, kostümierten Bewohnern, Pferdewagen und Geschäften aller Art. Auch das Gefängnis fehlt nicht. In Goldfield steht eine Schmalspurbahn unter Dampf. Eine Tour unter Tage und die Chance, ein paar Goldflocken selbst zu waschen runden das Angebot ab. Es ist ein Platz für Familien. Die New York Times bezeichnete ihn als „Best Place to Take Children to“.

Lost Dutchman Gold Mine – eine Legende?

Das Gold in den Superstition Mountains ist verknüpft mit der Legende vom sagenhaften Reichtum der Lost Dutchman Mine. Sie lockte und lockt zahllose Goldsucher an. Alle hofften und hoffen, die Goldader zu finden.

Migual Peralta entdeckte 1845 in den Superstition eine reiche Goldader. Ein paar Bergleute begannen mit dem Abbau. Doch Apachen brachten sie um. Ein paar Jahre später fand ein Prospektor (ein Dutchman) ebenfalls ein reiches Goldvorkommen.

Es gelang ihm, den Fundort geheim zu halten. Die ihm folgten, schüttelte er im unwegsamen Gelände ab oder brachte sie um, so die Legende. Als er 1893 starb, nahm er das Geheimnis um seine Mine mit ins Grab.

Danny, ein Einheimischer, erzählte mir seine Geschichte von der Lost Dutchman Mine:

Eines Tages kam eine schwerkranke Apachen-Frau zu einem Doktor in Phoenix. Der Arzt konnte ihr helfen. Doch die Frau hatte kein Geld. „Ich kann dich nicht bezahlen.“ Sie gab ihm eine Kartenskizze. „Hier wirst du Gold finden. Nimm so viel wie du tragen kannst und geh niemals zurück.“

Der Arzt fand das Gold, nahm was er tragen konnte und ritt zurück. Doch die Gier war stärker als die mahnenden Worte der Frau. Mit einem Wagen wollte er möglichst viel Gold wegschaffen. Er verschwand spurlos. Nur das verlassene Fahrzeug wurde gefunden.

Die Tageszeitung Arizona Republic berichtet immer wieder, dass Menschen in den Superstition spurlos verschwunden oder mit einem Schuss in den Hinterkopf tot aufgefunden worden sind. Wanderer treffen gelegentlich auf Männer in Tarnkleidung und mit einer Pistole im Gürtel. Sie suchen die Lost Dutchman Mine. „Die es“, so ein uralter Prospektor aus Mesa/Phoenix „nie gegeben hat.“ Doch Legenden haben ein zähes Leben und sterben erst wenn die Hoffnung stirbt.

Bob, Eigentümer und selbsternannter Bürgermeister von Goldfield, schrieb für Ghost Town Fans die Geschichte des Goldfield Mining District: "Goldfield. Boom to Bust"

Sehenswertes in der Nähe

- **Junior Grand Canyon:** Eine Fahrt mit dem Raddampfer „Dolly" auf dem Canyon Lake führt durch Arizonas „Junior Grand Canyon". Karten können im Internet vorbestellt werden. www.dollysteamboat.rezgo.com
- **Superstition** mit Weaver´s Needle am Peralta Trail bieten im Frühjahr und Herbst besondere Wandererlebnisse – mit fotogenen Felsformationen und Kakteen. Detaillierte Info in „Sonora Wüste" in der Reihe „Unterwegs im Wilden Westen".

9 The Vulture Gold Mine

Attraktion
Sehr gut erhaltene Ghost Town.

Wo: Auf Hwy 69 drei Meilen westlich Wickenburg bis zur Vulture Mine Road. Auf dieser zwischen MP 14/15 zur Ghost Town.
Campen: Freies Campen an der Vulture Mine Road zwischen MP 19 und 22 möglich. NF Campingplätze nahe Prescott

Internet: Venture Gold Mine AZ

Geschichte

Henry Wickenburg, ein Einwanderer aus Österreich, entdeckte 1863 unweit des Hassayampa River eine reiche Goldader. Die Vulture Mine belieferte während des amerikanischen Bürgerkriegs (1862-1865) die Union mit Gold und Silber. Vulture entwickelte sich in kürzester Zeit zu einer der größten Siedlungen im damaligen Arizona. Der Bedarf an Lebensmitteln und Futter für das Vieh stieg rapid. Doch das Gebiet zwischen Prescott und Tucson war in jener Zeit von Weißen

Diesel-Generator Made in Germany

weitgehend unbesiedelt. So wurde das nur 100 Kilometer südöstlich gelegene Salt River Valley – bis um 1450 n. Chr. Siedlungsgebiet der Hohokam mit ausgedehnten Bewässerungsanlagen[1)] – zum Hauptlieferanten von Lebensmitteln und Futter für Pferde und Mulis.
The Venture Miene produzierte mit einigem Auf und Ab bis 1942. Bis zu 5000 Leute wohnten in der Siedlung. Die Mine wurde bei Eintritt der USA in den Zweiten Weltkrieg auf Anordnung der Regierung geschlossen. Beinahe über Nacht verfiel der Ort zur Ghost Town.

Heute

Das Gelände war bis vor wenigen Jahren für die Öffentlichkeit nicht zugänglich. Viele Gebäude sind sehr gut erhalten. In den Gebäudemauern, aus Steinen mit geringem Erzgehalt errichtet, sollen Gold und Silber im Wert von mehreren hunderttausend Dollar stecken. Zu besichtigen ist das Laboratorium, in dem der Metallgehalt des Erzes festgestellt wurde, die Schmiede mit vielen Werkzeugen, die Küche mit einer hölzernen Gefriertruhe, das Schlafhaus für die ledigen Bergleute und die Mühle zum Zerkleinern des Gesteins. Eine Antiquität: Im Maschinenhaus steht ein Diesel-Generator aus dem Jahr 1904, Made in Germany. Er wurde zerlegt nach Amerika verschifft.

Vulture Gold Mine

Alle Einrichtungen sind weitgehend in ihrem ursprünglichen Zustand. Alles wirkt urig. Betritt man das eine oder andere Gebäude, ist man manchmal unsicher. Werden die Fußbodenbretter halten oder fällt ein vom Wind bewegtes Wellblech herab? Besucher können das Gelände mit Hilfe eines Faltblattes allein erkunden. Mit Goldbronze bemalte Steine weisen den Weg (FF 25).
Offen: Täglich zwischen 8 und 17 Uhr. Gebühr.

Sehenswertes in der Nähe

- **Stanton** – Ghost Town und Camp für Snowbirds

---

1) Die Bewässerungskulturen der Hohokam sind ausführlich beschieben in „Auf den Spuren der Indianer“ in der Reihe „Unterwegs im Wilden Westen“.

10 Stanton

Ghost Town und Camp für Snowbirds

Attraktion
Gut erhaltene Gebäude und eine gruselige Mordgeschichte.

Wo: Auf Hwy 89 zwischen Prescott und Vickenburg 2 Meilen nördlich von Congress bis Abzweig Yavapai County Road 109. Auf der nichtasphaltierten Straße 6 Meilen nach Stanton.

Campen: NF Campingplatz an Hwy 89 am Stadtrand von Prescott.

Internet: Stanton Ghost Town AZ

Geschichte

Rich Hills lockte in den 1860ern Tausende Goldsucher an. Stanton, ursprünglich Antilope Station genannt, zählte nie mehr als 200 Einwohner. Bereits 1890 war der Ort verlassen. Ein Wiederbelebungsversuch ein paar Jahre später hatte wenig Erfolg. Dafür kann Stanton in Anspruch nehmen, Schauplatz von Intrigen und Morden der besonderen Art gewesen zu sein. Die Geschichten haben die Zeit überdauert und werden noch heute erzählt. So auch jene, wie man in der guten alten Zeit seine Konkurrenz ausschaltete.

Heute

Nur drei historische Gebäude sind erhalten, restauriert von der Lost Dutchman Mining Association, die Stanton 1978 kaufte:

- Das Hotel Stanton, ehemals eine Station für Postkutschen
- Der Charles Stantons Old Stage Stop und Store
- Das Laboratorium mit Einrichtungen zum Feststellen des Metallgehalts von Erzen

Etwa 200 Rentner überwintern in Stanton auf einem Campingplatz. Dicht gedrängt stehen die Wohnwagen und Trailer auf dem vegetationslosen Platz. Er ist im Sommer kahl – eine touristische Ghost Town.

Erfolgsrezept im Wilden Westen:
Bring deinen Konkurrenten um!

William Partridge betrieb in der Antelope Stage Station einen Halteplatz für Reisekutschen. Wilson gehörte der Einkaufsladen. Beide waren tief verfeindet. Der Grund: Wilsons

Schweine waren eines Tages auf das Grundstück von Partridges Besitz vorgedrungen.
Diese Feindschaft machte sich Charles Stanton zunutze, der von der Vulture Mine zugewandert war. Er plante, beide auszuschalten und ihre Geschäfte zu übernehmen. Nach dem Motto: Wenn zwei sich streiten, freut sich der Dritte. Er erzählte Partridge, dass Wilson es auf ihn abgesehen hätte. Kein Wort war wahr daran. Nach einer alten Wild West Erfahrung lebt der länger, der zu erst schießt. Patridge tötete Wilson, wurde verhaftet und in Yuma ins Gefängnis gebracht.
Stanton hatte sein Ziel erreicht. Er nannte den Ort in Stanton um und machte sich zum Leiter des Postamtes. Was er nicht wusste: Wilson hatte einen stillen Teilhaber, der die Station an Barney Martin verkaufte. Doch Stanton wäre nicht Stanton gewesen. Er heuerte einige Gangster an und ließ Barney mit Frau und Kindern umbringen. Dann unterlief ihm ein Fehler: Er beleidigte die Schwester eines Gangster, der seinerseits Stanton ins Jenseits beförderte.

11 Walkers Holzkohlenmeiler

Attraktion
Gut erhaltener und leicht zu erreichender Meiler.

Wo: Von Prescott auf Hwy 69 nach Osten bis nahe MP 293. Hier auf die Walker Road einbiegen. Dieser bis zum Abzweig Big Bug Mesa Road zwischen MP 6/7 folgen. Bis hier asphaltiert. Auf der Mesa Road 0,5 Meile bis zur Charcoal Kiln Road. Wer einen Wohnwagen fährt, sollte hier parken. Auf der Charcoal Rd. 300 bis 400 Meter bis rechts zu einem Baumstamm mit Schildern. Hier beginnt der kurze Pfad zum Holzkohlenofen.
Campen: An der Walker Road mehrere Campingplätze des NFS.

Internet: Walkers charcoal kiln Az; unter www.youtube.com ein Video.

Pfad 303 führt zum Meiler

Geschichte

Die Bergbaugeschichte begann 1863. Captain Walker erreichte mit 26 Männern das Gebiet. Sie bauten ein Fort zum Schutz gegen Indianer und als Stützpunkt für ihre Erkundungen. Am Lyny Creek entdeckten sie Gold. In der Boomzeit lebten in Walker an die 2.700 Leute. Der knapp acht Meter hohe Holzkohlenmeiler wurde 1890 gebaut. 1940 schloss die Mine. Walker verfiel.

Heute

Ein Schild der Forstverwaltung am Abzweig zur Big Bug Mesa Road verweist auf die ehemalige Bergbausiedlung. Erhalten ist nur der Holzkohlenmeiler Gelegentlich waschen Hobby-Goldsucher im Lynx Creek Gold.

Info

Holzkohle als Energiequelle

Walkers Holzkohlenmeiler

Als die Menschen mit Feuer umzugehen verstanden, verbrannten sie Holz zum Garen von Speisen und zum Heizen während der kalten Winterzeit. Die Ureinwohner Nordamerikas zündeten Feuer, um mit Rauchzeichen Nachrichten zu übermitteln. Sie verwendeten Holzasche als Dünger und zum Einfärben von Wolle.

Schon vor ca. 12.000 Jahren erkannten im Vorderen Orient die Steinzeitmenschen den Wert von Holzkohle. Die glimmende, rauchlose Glut verschaffte den Nomaden Wärme und Sicherheit am Lagerfeuer. Im Verlauf der Entwicklung nutzten die Menschen die „schwarzen Hölzer" zum Brennen von Tonwaren und zum Aufschmelzen von Kupfer- und Eisenerzen. Über Jahrtausende blieb Holzkohle der wichtigste Energieträger. Sie wurde erst im 19. und 20. Jahrhundert von Kohle und Erdöl verdrängt.

Sehenswertes in der Nähe

- **Montezuma Castle** *National Monument* mit prähistorischen Kliffhäusern.
- **V-B-Ranch Petroglyph Site** mit interessanten Felszeichnungen. (s. „Auf den Spuren der Indianer" in der Reihe „Unterwegs im Wilden Westen")

12 Jerome und die Gold King Mine

Attraktion

Gold King Mine – ein lebendes Museum mit fotogenen Maschinen, Bergbauanlagen und Gebäuden. Ein Autofriedhof der besonderen Art.

Wo: 1I-17 zwischen Flagstaff und Phoenix, Ausfahrt 285 (Camp Verde). Auf Hwy 260 und 89 Alt über Clarkdale nach Jerome. Die Zufahrt ist asphaltiert.

Campen: NF Campingplatz in den Mingus Mountains

Internet: www.goldkingmineghosttown.net

Geschichte

Jeromes Bergbaugeschichte reicht weit in die Vergangenheit. Schon vor mehr als 1000 Jahren sammelten die Sinagua Indianer, die nahebei in Tuzigoot siedelten, in den Black Hills die farbenprächtigen Azurite. Sie nutzten sie zum Färben von Stoffen und zum Bemalen ihrer Gesichter. Die Spanier, die 1582 vorbeimarschierten, hatten für diese Schätze kein Auge. Es blieb Morris Andrew Ruffner vorbehalten, 1876 die Kupferlagerstätte wieder zu entdeckten. Mangels Geld geschah nicht viel. Ein Investor beauftragte 1880 einen bekannten Spezialisten für Kupferlagerstätten, das Vorkommen zu bewerten. Sein Urteil: Nicht investieren!

1888 kam William Andrew Clark nach Jerome. Ein mehrfacher Millionär, der US-Senator werden wolle. Er kaufte die United Verde Copper Company für

Jerome um 1909 (Foto © Library of Congress, wikipedia, public domain)

80.000 Dollar und hatte 13 Jahre später sein Ziel erreicht. Dank der Verde Mine, die Monat für Monat 1 Million Dollar auf Clarks Bankkonto fließen ließ. Entscheidend für diesen Erfolg: Eine 27 Meilen lange Schmalspurbahn mit 187 Kurven und 28 Brücken verband Jerome seit 1885 mit dem Eisenbahnnetz.

Auch in Jerome fanden 1917 Streiks statt, angeführt von den Industrial Workers of the World. Streikbrecher stürmten das Büro der Gewerkschaft. 67 Personen – Streikende und Organisatoren – wurden am 12. Juli von bewaffneten Angestellten der Bergbaugesellschaft in Haft genommen und nach Kalifornien deportiert. Sollten sie zurückkommen, drohte man ihnen, könne man nicht für ihr Leben garantieren (s. auch Bisbee S. 32).

Little Daisy, einst Herberge für ledige Bergleute

1935 verkauften Clarks Erben die United Verde Mine an die Phelps Dodge Cooporation, die mit Jerome, Bisbee und Clifton-Morenci zu einem der größten Kupferproduzenten der Erde wurde. Zusammen mit den anderen Minen um Jerome förderte sie in ihrer 70jährigen Geschichte Kupfer, Gold, Silber, Zink und Blei im Wert von über 1 Milliarde Dollar.

1953 schloss die letzte Mine. Ohne Arbeit, zogen Tausende fort. Für ihre Häuser gab es keine Käufer. Weniger als 50 Leute blieben in der Stadt – von einstmals 15.000. Jerome wurde Amerikas größte Ghost Town.

Altes Schulhaus in der Gold King Mine & Ghost Town

Heute

Die Bergbauaktivitäten, der Einsatz von großen Mengen an Sprengstoff und die ausgedehnten Tunnels blieben für den Ort nicht ohne Folgen. Viele Gebäude bewegten sich hangabwärts – auch das Kino, das Hallenbad und das Gefängnis, das seinen Standort um 68 Meter veränderte. Zahlreiche historische Gebäude blieben erhalten und wurden teilweise restauriert, so Little Desay, einst Unterkunft für ledige Bergarbeiter. Der Friedhof mit Gräbern von Einwanderern aus vielen Ländern der Erde und bietet großartige Ausblicke auf Jerome, Clarkdale, Cottonwood und die Red Cliffs von Sedona (FF 26).

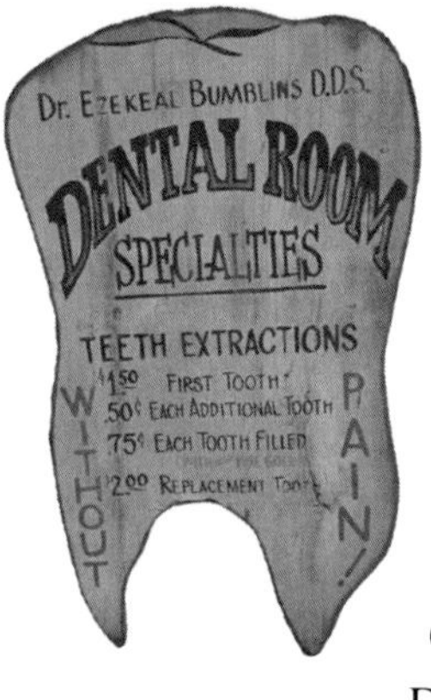

Aus der Kuriositätensammlung

Don Robertson verwandelte die aufgelassene Gold King Mine in ein Eldorado für Technik-Fans und Sammler von Kuriositäten. Wenn Sie Glück haben, führt er Sie persönlich (FF 6).

Künstler, Händler und Rentner haben Jerome wiederbelebt. Derzeit leben im Ort einige hundert Leute. Jerome ist im *National Historic Register* verzeichnet.

Sehenswertes in der Nähe

- **Verde Canyon Railroad**, die viele Jahre Erz transportierte, ist eine touristische Attraktion.
- **Tuzigoot National Monument** mit Ruinen einer prähistorischen Indianersiedlung. Details in „Auf den Spuren der Indianer" in der Reihe „Unterwegs im Wilden Westen".
- **Palatki Heritage Site** mit prähistorischen Kliffhäusern und Felszeichnungen. Details in „Auf den Spuren der Indianer" in der Reihe „Unterwegs im Wilden Westen".

13 Canyon Diablo

Ghost Town für Eisenbahnfans

Attraktion
Brücke über den Canyon Diablo; Mauerreste einer *Trading Post*

Wo: I-40 zwischen Flagstaff und Meteor Crater, Ausfahrt 230. Auf der Nordseite der I-40 auf einer asphaltierten Straße ca. 0,2 Meile nach Westen. Dann auf einem Fahrweg 3,5 Meilen bis zur Bahnlinie. Hier nach Westen abbiegen und ca. 0,5 Meile bis zum Canyonrand. Die Zufahrt ist nicht für Wohnwagen geeignet. Fahrzeug mit hoher Bodenfreiheit erforderlich. Nicht nach Regen befahren.

Campen: NF Bonito Campground am Sunset Crater NM an Hwy 89 nordöstlich von Flagstaff.

Internet: Canyon Diablo Ghost Town AZ, Beale Wagon Road AZ; Route 66 AZ

Geschichte

Die Erschließung des amerikanischen Westens geht einher mit dem Bau von Eisenbahnen. Neben der ersten transkontinentalen Verbindung (s. The Golden Spike S. 98) entstand ein zweiter Hauptstrang von Santa Fee nach Kalifornien. Er folgte in Arizona weitgehend der Beale Wagon Road von Winslow nach Flagstaff, Williams und Kingman.

Atlantic & Pacific RR nahe Winslow um 1890 (Foto public domain)

Westlich von Winslow musste der Canyon Diablo überbrückt werden. Über Jahrtausende hat hier das Wasser eine tiefe Kerbe in eine plateauähnliche Landschaft eingefräst.

Die Arbeiter brauchten zehn Jahre, um die Brücke fertig zu stellen. Immer wieder fehlte es an Geld und die Arbeit ruhte. Es waren vorwiegend Chinesen, die im Auftrag der Atlantic und Pacific Railroad für einen kärglichen Lohn arbeiteten. Damals die billigsten Arbeitskräfte. Sie hausten in einem Zeltcamp, in bis einen Meter tief in den Boden gegrabenen Löchern, mit einer Plane überdacht. Notdürftig gegen Wind und Kälte geschützt.

Die 1890 über den Canyon Diablo fertiggestellte Eisenbahnbrücke (Foto public domain)

An die 2000 Menschen lebten zeitweise in Canyon Diablo. Zehn Spielhallen, zwei Tanzsäle und vier Bordelle kannten keine Sperrstunde. Ein idealer Platz für Gangster und Spieler. Canyon Diablo eilte der Ruf voraus, gefährlicher als Tombstone zu sein. Der Leichenwagen war oft unterwegs. Der erste Sheriff trat seinen Job um 15 Uhr an. Fünf Stunden später wurde er zum Friedhof gekarrt. Fünf Nachfolger überlebten nicht den ersten Monat ihrer Amtszeit. 36 Gräber zählt der Friedhof. 35 Männer starben unfreiwillig in den Stiefeln.

Nach Fertigstellung der Brücke 1890 verließen die meisten Bewohner das Camp. Canyon Diablo begann zu sterben.

Von der Trading Post stehen nur noch ein paar Mauern.

Heute

Die *Trading Post* bediente bis in die 1960er Jahre Kunden. Von ihr stehen nur noch ein paar Mauern. Auch die alte Eisenbahnbrücke existiert nicht mehr. Eine

Stahlbrücke überspannt heute den Canyon. Es ist die dritte Konstruktion. Die Strecke wird noch befahren, teilweise auf neu angelegten Abschnitten (FF 1).

Am Canyonrand traf ich einen Bahnarbeiter, der die Signalanlagen wartete. „Meine Mutter“, so erzählte er, „arbeitete bis Anfang der 60er in der Trading Post als Verkäuferin. Und dort drüben liegt vermutlich ein Deutscher begraben. Ich kann die Grabinschrift nicht lesen.“

Wir fuhren ein paar hundert Meter querfeldein zum Grab von Herrmann Wolf.

Info

Chinese Girls for Love

Abraham Lincoln hob 1863 die Sklaverei auf. Die „Weißen Slaven“ – Mädchen, die verkauft und zur Prostitution gezwungen wurden – gab es noch Jahrzehnte danach. Sie hatten keine Hoffnung auf gesellschaftliche Anerkennung. Daran änderte auch das Gesetz von 1910 wenig, das den Handel mit Frauen für unmoralische Zwecke verbot.

In „Soiled Daves, Prostituierte in the Early West“ beschreibt Anna Seagraves die Prostitution in Bergbauorten im Westen Amerikas.

Ein hartes Schicksal erlitten chinesische Mädchen. Skrupellose Menschenhändler kauften mittellosen chinesischen Eltern ihre 11- bis 19jährigen Töchter ab. Sie bezahlten für die „Ware“ ein paar Cent. Sie versprachen den Eltern ein besseres Leben für ihre Tochter in Amerika. Auf besonders hübsche Mädchen warteten angeblich reiche Ehemänner. Für die Eltern war ihr Kind unterwegs ins Paradies. Und sie hatten gleichzeitig einen Esser weniger.

Die Aufkäufer, oft Chinesen, verschifften in der zweiten Hälfte des 19. Jahrhunderts Tausende Mädchen nach San Francisco. Mitunter wurden sie bereits auf der Überfahrt von der Schiffsbesatzung auf ihre künftige Tätigkeit als Prostituierte vorbereitet.

Auf einer Auktion wurden die Mädchen dem Meistbietenden verkauft. Einige hundert Dollar „a piece“ . Sie landeten meistens in einem Bordell. Oft in einer Bergwerkssiedlung. Denn hier lebten überwiegend unverheiratete Männer. Es gab kaum ledige Frauen.

Obwohl die Mädchen weder lesen noch schreiben konnten, mussten sie einen Vertag unterschreiben. Sie verkauften ihren Körper für ein paar Jahre. Konnten sie einen Tag nicht arbeiten, verlängerte sich die Vertragszeit um eine Woche, bei mehreren Tagen um einen ganzen Monat. Versuchte eine zu flüchten und wurde eingefangen, blieb sie lebenslang unter Vertrag. Bis sie an einer Krankheit starb oder nicht mehr gefragt war und sich umbrachte. Es gab kein Entrinnen.

14 Two Guns

Ghost Town des Tourismus

Attraktion
Ruinen aus der Neuzeit

Wo: I-40 östlich von Flagstaff, Ausfahrt 230; Ghost Town an der Südseite der I-40

Internet: Two Guns Ghost Town AZ

Geschichte

Als weiße Siedler in die Gegend kamen, fanden sie ein paar Meilen südlich des ehemaligen Eisenbahncamps Canyon Diablo einen guten Platz, mit ihren Wagen den Canyon zu queren. Beales Wagen Road, vor 1861 eine der wichtigsten Verbindungen nach Kalifornien, wurde später zur Route 66, zur "Mother Road" in den USA (S. 57). Der Ort Two Guns hieß ursprünglich Canyon Lodge. Wie so viele andere Orte entlang der legendären Route 66 wurde es mit Tankstelle, Café, Souvenirladen, Motel und einem Zoo ein populärer Stop für Touristen. Die Durchreisenden wurden kräftig zur Kasse gebeten. Mit dem Bau der I-40 begann das Sterben. Wiederbelebungsversuche scheiterten.

Reste eines mobilen Wohnhauses

Heute

Geblieben sind die Reste einer Tankstelle, eine Trailer- und Campingplatzruine, ein paar Gemäuer des Zoos, der stark beschädigte Cowboy-Turm (FF 22) und Reste der alten Brücke. Two Guns ist vollkommen verlassen. Ohne Aufsicht. Keine Gebühr. Alles ist frei zugänglich.

Sehenswertes in der Nähe

- **Sunset Crater** ***National Monument*** **und Wupatki National Monument** an Hwy 89 nordwestlich von Flagstaff
- **Walnut Canyon National Monument:** Von I-40, Ausfahrt 204 zu erreichen.
- **Meteor Crater:** Von I-40, Ausfahrt 233 zu erreichen.
- **Johnson Canyon Tunnel:** Zwischen Williams und Ash Fork befindet sich im Johnson Canyon der einzige Eisenbahntunnel der Atlantic & Pacific Railroad. Er ist inzwischen stillgelegt, doch begehbar (FF 4). Von I-40 Ausfahrt 151 zu erreichen. (s. Band 3 in der Reihe „Unterwegs im Wilden Westen")

15 Chloride

Eine lebende Ghost Town

Attraktion
Ein altes Bergbaucamp für Touristen attraktiv gemacht.

Wo: An Hwy 93 zwischen Las Vegas und Kingman.
Zufahrt nach Chloride bei MP 52/53 ist asphaltiert.

Campen: RV-Park in Kingman

Internet: Chloride Ghost Town AZ

Hier arbeiteten einst Banker

Geschichte

In den 1860ern entdeckten Prospektoren am Fuße der Cerbat Mountains mehrere reiche Silberadern. Später fanden sie Gold, Zink, Blei, Kupfer und Türkise.

Chloride wurde als Zeltcamp 1863 gegründet. Die Siedlung wuchs nur langsam. Hualapai Indianer bedrohten bis in die 1870er die Goldsucher.

Chlorides Boomjahre begannen mit der Eisenbahnanbindung an das Netz der Santa Fe Railroad 1898. Die Kosten für den Transport von Erzen und Ausrüstung sanken dadurch drastisch. Der Abbau dauerte bis in die 1920er. An die 2000 Menschen lebten während der Boomzeit im Ort.

Aus über 70 Schächten förderten Bergleute die begehrten Erze. Steigende Kosten für Löhne und Ausrüstung einerseits und fallende Metallpreise andererseits machten in der Folgezeit den Abbau unrentabel. Als die Santa Fe Eisenbahn die Strecke nach Chloride stilllegte, war das der Anfang vom Ende. Eine Mine nach der anderen schloss. Die letzte 1944. Die Einwohner verließen den Ort.

Heute

Inzwischen haben Rentner und Künstler Chloride entdeckt und wiederbelebt. Der Ort ist mit Souvenirläden zu einem Mekka für Touristen und ein Wohnplatz für Snow Birds aus dem kalten Norden geworden, angelockt von den Sonnentagen im Winter. Die Bewohner wollen ein Stück Vergangenheit mit Chlorides „Old Town“ bewahren. So bedient das historische Postamt noch immer seine Kunden. Es zählt zu den ältesten in Arizona.

Das alte Postamt bedient noch immer Kunden.

Das Gefängnis und die ehemalige Bahnstation sind fotogen restauriert.
Für die Touristen findet an Samstagen ein Gunfight à la Hollywood statt. Felsmalereien der Hippiezeit und prähistorische Felszeichnungen locken Fotografen an.

Ghost Town am Hwy 93 bei Chloride

Sehenswertes in der Nähe

- **Felsmalereien** prähistorischer Indianer und der Hippiezeit.
- **Touristische Ghost Town** an Hwy 93 zwischen MP 52 und 53 (FF 34)
- **Hoover Dam** im Lake Mead National Recreation Area

16 Oatman an Route 66 und eine weiße Squaw

Attraktion
Zahlreiche historische Gebäude an der Hauptstraße

Wo: Von I-40 südlich Kingmann, Ausfahrt 44. Auf der CR 10 (ehemals Route 66) bis Oatman. Auf dem Weg nach Oatman passiert man Cool Springs, Ed´s Camp und Goldroad, ein Bergbau Camp, in dem von 1901 bis 1907 Gold gefördert wurde. Die Mine war 2011 wieder in Betrieb.
Campen: Private Plätze in Kingman

Internet: Oatman Ghost Town AZ; Olive Oatman; Route 66 AZ

Geschichte

Gold wurde 1902 in Vivian südwestlich von Kingmam entdeckt – so hieß Oatman damals. Wenige Jahre später lebten hier einige tausend Leute. Die Vivian Mine Company schloss auf Befehl der Regierung 1941. Die Produktion kriegswichtiger Metalle hatte Vorrang. Die meisten Bewohner verließen den Ort. Insgesamt förderte sie 1,8 Millionen Unzen Gold (FF 19). Oatman überlebte als letzter Stopp an der Route 66, bevor die Reisenden auf dem Weg nach Kalifornien die Mohave Wüste queren mussten.

Heute

An der Hauptstraße zeugen zahlreiche historische Gebäude von Oatmans vergangenem Reichtum:

Main Street in Oatman heute

- Das Oatman Hotel hat einen Platz im *National Register of Historic Places* gefunden. Hier feierten Clark Gable und Carol Lombard ihre Hochzeit. Ihre Suite gilt vielen Amerikanern als besuchenswerte Attraktion.
- Das Gold City Hotel diente als Kulisse für den preisgekrönten Hollywood-Film „How the West Was Won“.

- Das ehemalige Kino wurde zum Souvenirladen.
- Das Porträt von Olive ziert eine Hausfront.

Oatman ist ein Ort mit den üblichen touristischen Angeboten. An Wochenenden liefern sich die Bitter Creek Outlaws und die Ghostriders in der belebten Hauptstraße einen Gunfight. Mit viel Pulverdampf und laut fluchend. Am Ende leben alle. Auch Goldwaschen steht im Angebot.

Johnson Tunnel – nur noch für Fußgänger

Die Fahrt über den Sitgraeves Pass ist ein Erlebnis für alle Motorradfans. Und die wissen: Die wilden, frei herumlaufenden Esel stehen unter Schutz und haben Vorfahrt.

Edward F. Beale (Foto public domain)

Olive, eine weiße Squaw

Man schrieb 1851. Das Goldfieber lockte Hunderttausende nach Kalifornien. Unter ihnen Royce Oatman mit Frau und sieben Kindern. Östlich von Yuma verließ Royce mit seiner Familie den sicheren Wagentreck. Yavapais Indianer überfielen die Familie. Sie töteten Royce, seine Frau und vier Kinder. Den 16jährigen Sohn Lorenzo warfen sie über den Rand eines Kliffs. Sie hielten ihn für tot. Er überlebte wie durch ein Wunder, trotz der schweren Verletzungen. Die beiden Mädchen, die 7jährige Ann und die 14jährige Olive verschleppten die Indianer. Ann starb in der Gefangenschaft, Olive wurde an die Mojave Indianer verkauft und mit einem Mojave verheiratet.

Bei diesem Stramm war es üblich, Männer und Frauen am Kinn oder an der Stirn zu tätowieren. Die Mojave glaubten, dass Menschen ohne Tätowierung im Reich der Toten keine Ruhe finden würden. Auch Olive wurde tätowiert (FF 29).

In den Jahren nach dem Überfall kursierte immer wieder das Gerücht, dass ein weißes Mädchen bei den Indianern am unteren Colorado River lebt. Lorenzo startete eine Suchaktion. Ein Indianer fand Olive. Er tauschte sie gegen Pferde und andere Gebrauchsgegenstände ein.

Olives Mojave Sohn lebte im Gebiet von Vivian. Er soll sich nach dem Tod seiner Mutter für die Änderung des Ortsnamen eingesetzt haben.

Info

Route 66 – The Main Street of America

Route 66 ist eine Straße mit einer eigenen Fan-Gemeinschaft und einer langen Geschichte. Sie beginnt 1851. Im Auftrag der Regierung erkundete Leutnant Sitgraves Nord-Arizona entlang des 35. Breitengrades. Von 1857 bis 1860 baute Edward F. Beale entlang dieser Route eine erste Straße für Frachtwagen und Kutschen. Mit Wasserstellen in maximalen Abständen von 32 Kilometern. Beale erlangte nationalen Ruhm, als er 1848 die erste Goldladung von Kalifornien nach Washington brachte.

Die Straße ist in die Geschichte als Beale Wagon Road eingegangen. Auf ihr zogen im 19. Jahrhundert viele Emigranten nach dem Westen. Der Bürgerkrieg zwischen Nord und Süd und die jahrelangen Kämpfe mit Indianern verzögerten den Ausbau. In den 1880ern legten die Atlantic and Pacific Railroad entlang der Straße Schienen. Orte wie Kingman, Oatman, Bellemont, Flagstaff und Winslow wurden zu Stützpunkten in der Go-West-Zeit. Zwischen Williams und Ash Fork befindet sich im Johnson Canyon der einzige Tunnel. Moderne Technik fand eine kürzere Strecke. Der alte Abschnitt wurde still gelegt. Der Tunnel ist heute ein Ghost Tunnel, den man durchwandern kann. Die Zufahrt ist in Band 3 in der Reihe „Unterwegs im Wilden Westen“ beschrieben (FS. 56).
In den 1930ern – während der großen Wirtschaftskrise – nutzte ein Heer heimatlos gewordener Farmer aus dem Mittleren Westen ebenfalls diese Route. Unter ihnen John Steinbeck, einer der großen amerikanischen Schriftsteller. In seinem Roman „Früchte des Zorns“ schildert er diese Völkerwanderung.
Bis 1938 wurde die Beale Wagen Road – inzwischen als Route 66 ausgewiesen – ausgebaut und durchgehend asphaltiert. Sie wurde zur „Mother Street“ oder „Main Street of America“, die vom Atlantik bis zum Pazifik den amerikanischen Kontinent quert. Entlang dieser Straße entstanden die verschiedensten Einrichtungen u. a. das Model für die Motels.1970 war der größte Teil der Route 66 als Interstate 40 angelegt. Die alte Route 66 besteht u. a. noch bei Flagstaff (Ausfahrt 211/191) und Williams (Ausfahrt 165/161). Das längste Stück blieb zwischen Ashlow (Ausfahrt 139) und Topock am Colorado River erhalten (Ausfahrt 0). Sie ist als *National Scenic Byway* auf den Straßenkarten gekennzeichnet. Der Abschnitt Kingman-Topock, der durch Oatman führt, ist landschaftlich besonders reizvoll. Die kurvenreiche Strecke lockt zahlreiche Motorrad Fans an. Am ersten Wochenende im Mai findet alljährlich der ROUTE 66 FUN RUN Drive statt.

Sehenswertes in der Nähe

- **Lake Havasu City** mit der London Bridge
- **Ed´s Camp** mit dem ehemaligen Kactus Kafe an Route 66 bei Oatman, eine Ghost Town des Tourismus.
- **Cool Springs:** Eine Ghost Town mit Tankstelle ohne Sprit.
- **Williams:** Main Street mit restaurierten Gebäuden aus dem 19. Jahrhundert

17 Yuma Territorial Prison State Historic Park

Attraktion
Gefängnis, High School, Quartier für Heimatlose, State Park – eine wechselhafte Geschichte und interessante Schicksale der Gefangenen.

Wo: I-8 in Yuma, Ausfahrt 1 (Giss Parkway)

Campen: Private Campingplätze in Yuma. Freies Campen an der Luna Dam Road. Von Hwy 95 auf die E 7 Av. einbiegen, 11 Meilen, bis auf die letzte Meile asphaltiert.

Internet: Yuma Territorial Prison State Historic Park

Geschichte

1879 bauten Sträflinge in Yuma ihr eigenes Gefängnis. Es sollte "sicherer" sein als die lokalen Bauten (FF 23). 1909 wurden die Gefangenen in einen Neubau nach Florence verlegt. Die leerstehenden Gebäude in Yuma dienten für einige Jahre als Schule. Im Volksmund hießen die Schüler – wie die ehemaligen Bewohner – die „Criminals".

Hinter Schloss und Riegel

Das Yuma Territorial Prison wurde in Filmen und Berichten oft als „Hölle"" beschrieben, als eine Art „Little Alcatraz", das berüchtigte Gefängnis in den Bucht von San Francisco. Yuma beherbergte insgesamt 3.069 „Gäste". 112 starben im Gefängnis. Viele an Tbc, acht bei Fluchtversuchen, fünf begingen Selbstmord.

Im Vergleich zu anderen Gefängnissen jener Zeit war die Anlage geräumig angelegt, sogar mit elektrischem Licht und einer Krankenstation ausgestattet. Die Bibliothek umfasste 2000 Bücher. Es gab keine Prügelstrafen. Wer gegen die Ordnung verstieß, kam in eine Zelle ohne Tageslicht und erhielt nur einmal am Tag Wasser und Brot. Ein Gefangener verbrachte hier 104 Tage. Wer einen Fluchtversuch unternahm und eingefangen wurde, erhielt eine Fußkette mit einer schweren Eisenkugel angepasst. Aufschlussreich sind die im Museum dokumentierten Lebensläufe der Sträflinge. Ihre Lebensgeschichten sind Schlaglichter im Alltag des Wilden Westens.

Heute

ist das Yuma Territorial Prison ein *State Historic Park*. Das Gefängnis und sein Museum erlauben Besuchern einen Blick 100 Jahre zurück. Von den ehemaligen Gebäuden sind der Wachturm, das Haupttor und der ehemalige Zellenblock erhalten. Über 100.000 Touristen besuchen jährlich die Anlage, die gelegentlich als Filmkulisse dient.

Offen: 9 bis 17 Uhr. Gebühr.

Schicksale – 6 von 3.069

- Der jüngste Gefangene wurde mit 14 eingeliefert. Verurteilt wegen eines Raubüberfalls. Er verbüßte eine fünfjährige Strafe.
- Barney Riggs brachte den Liebhaber seiner Frau um. Er erhielt lebenslänglich. Barney rettete dem Leiter des Gefängnis das Leben als diesen ein Sträfling bei einem Fluchtversuch erschießen wollte und wurde begnadigt.
- Der ehemalige Leiter einer Schule in Phoenix verbüßte eine 15monatige Strafe wegen Urkundenfälschung. Er arbeitete im Gefängnis als Buchhalter. Als er entlassen wurde, ließ er 130 Dollar aus der Gefängniskasse mitgehen.
- Pearl Hart überfiel 1899 eine Postkutsche.  Sie wurde in erster Instanz zu 30, in der Berufung zu fünf Jahren verurteilt und nach zwei Jahren begnadigt. Nach der Entlassung heiratete sie einen Rancher.

Peals Revolver

- Edward Lopez saß eine 5jährige Strafe ab. Er erzählte Mitgefangenen, dass er in Mexiko 19 Leute umgebracht habe. Die Amerikaner lieferten Lopez aus. Sechs mexikanische Polizisten holten ihn in Yuma ab, brachten ihn über die nahe Grenze und erschossen ihn – mit 19 Kugeln.
- Ricardo Flores Magon: Mexikanischer Revolutionär und Herausgeber einer Untergrundzeitung. Er wurde wegen Verletzung der Neutralität der USA mehrfach verurteilt. „Violating u.s.neutrality“ heißt es in seiner Akte.

Sehenswertes in der Nähe

- **Algodones Dunes** in Kalifornien, nahe der Grenze zu Arizona. Detaillierte Info in Band 4 der Reihe „Unterwegs im Wilden Westen“.
- **Painted Rock Petroglyph Site:** I-10 zwischen Yuma und Gila Bend, Ausfahrt 102. Informativer Überblick über Felsbilder und Geschichte des Platzes.

Rhyolite

18 Techatticup Ghost Mine im Eldorado Canyon

Attraktionen
Reste aus der Bergbau-Vergangenheit; grandiose Landschaften am Colorado

Wo: Auf der I-95 von Las Vegas in Richtung Boulder City. Auf Hwy 95 nach Süden bis SR 165. Auf der SR 165 (Nelson Road) nach Nelson. Hier den Wegweisern zur Techatticup Mine folgen. Die Zufahrt ist asphaltiert.
Campen: Boulder City und Boulder Beach Campground am Lake Mead

Internet: Techatticup Ghost Mine NV; Nelson Ghost Town NV; www.eldoradocanyonminetours.com; www.hmdb.org; Arizona Hot Springs

Geschichte

Der Start erfolgte, als Prospektoren 1861 eine reiche Goldader entdeckten und die Techatticup Mine erschlossen. Die Gettysburg, Duncan, Solar, Rand, Wall Street, Swabe und Golden Empire Minen folgten, insgesamt rund 30. Doch die Techatticup Mine war die ertragreichste. 70 Jahre lang gruben die Bergleute kilometerlange Stollen in den Berg. Anfangs bei Kerzenlicht mit Hacke, Schaufel und Dynamit.

Aus der Techatticup Mine kam Gold, Silber, Kupfer und Blei im Wert von mehreren Millionen Dollar. Alle Minen im Nelson Distrikt brachten es auf rund 500 Millionen. Das Erz wurde zum fünf Meilen entfernten Colorado River transportiert, in Nelson´s Landing verladen und mit Dampfschiffen stromabwärts zum Hammerwerk und zur Schmelzhütte verschifft. An die 300 Leute lebten damals im Ort. Es war eine zusammengewürfelten Gesellschaft.

Techatticub Mine heute

Viele Männer waren während des Bürgerkrieges aus der Armee geflüchtet und hofften, in diesem abgelegenen Winkel ohne Sheriff sicher zu sein. Schießereien waren an der Tagesordnung. Wenn es um Gold oder Frauen ging, saß der Revolver locker. Auch bei einigen Indianern, die im Eldorado Canyon lebten. Queho, einer von ihnen, soll zwischen 1900 und 1920 dreiundzwanzig Morde begangen haben. Er wurde nie gefasst. Seine mumifizierten sterblichen Überreste fand man erst 1940 in einer Höhle.

Nelson´s Landing war auch ein Umschlagsplatz für Alkohol. Ein 1920 erlassenes Alkoholverbot wurde in Arizona strikt befolgt, nicht dagegen in Nevada. Hier kostete der Selbstgebrannte nur einen Dollar je Gallone, das sind fast vier Liter. In Arizona bezahlte man für die gleiche Menge 50 Dollar. Der Schwarzhandel über den Fluss blühte.

Die Techatticup Mine wurde 1945 geschlossen. Nelson verfiel zur Ghost Town und Techatticup zu einer Ghost Mine.

Heute

Kaum zwei Dutzend Leute leben in Nelson. Vom Bergbau geblieben sind vor allem Halden und ein kleiner Friedhof.

Klapperschlange

Tony und Bobbie Werly kauften einiges Land, renovierten einige Gebäude und machten die Techatticup Mine wieder zugänglich. Man kann zwischen alten Autos, angesammelten Geräten und Schrott herumstromern und in einem kleinen Museum Erinnerungsstücke aus vergangenen Zeiten bewundern. Tony organisiert Reitausflüge und Kajakfahrten. Auf einer einstündigen geführten Tour gehen Besucher in einen Schacht und erfahren Interessantes aus der turbulenten Vergangenheit. Die alte Texaco Tankstelle wurde in zwei Hollywood Filmen verewigt. Wer noch keine Klapperschlange gesehen und fotografiert hat – Tony machts´s möglich.

Info über die Techatticup Mine Tour telefonisch (702)-291-0026. Anmeldung empfehlenswert.

Sehenswertes in der Nähe

- Von Nelson führt eine Straße durch den Eldorado Canyon zum Colorado River. Ein Overlook bietet Ausblicke auf den Fluss und den Colorado River Canyon. Ein leicht begehbarer Pfad führt zum Wasser. Baden ist möglich.
- **Hoover Dam:** Geführte Touren
- **Arizona Hot Springs:** TH an Hwy 93, Ausfahrt bei MP 4.

19 Rhyolite

Wildwest-Kulisse für Hollywood

Attraktion
Paradies für Fotografen und Ghost Town Enthusiasten.

Wo: Von Las Vegas auf Hwy 95 bis Beatty. Hier auf Hwy 374 bis zum Abzweig Rhyolite.
Campen: In Beatty und in Rastparkplätzen am Hwy 95.

Internet: Rhyolite Ghost Town Nevada

Geschichte

Die Bergbaugeschichte begann 1904, wie in Tonopah und Goldfield. Damals fanden zwei Prospektoren an der Südseite der Bullfrog Hills eine hochkarätige Goldader. Sie enthielt pro Tonne Gestein Gold im Wert von 3000 Dollar. Die Kunde von dem Fund verbreitete sich in Windeseile. Scharen von Prospektoren und Spekulanten strömten herbei. In den folgenden Jahren förderten Bergleute Gold im Wert von über 100 Millionen Dollar.

Ehemaliger Bahnhof (Foto Gestrom, public domain)

1907 wohnten 6000 bis 8000 Menschen in Rhyolite und in umliegenden Camps. Vier Banken, vier Zeitungen, eine Schule, ein Krankenhaus, ein Kasino, ein Opernhaus, ein öffentliches Schwimmbad und die für Bergbauorte üblichen

Etablissements versorgten die Bewohner. Es gab zementierte Gehsteige und elektrisches Licht.

Nach der Finanzkrise von 1907 blieben Kredite aus, es fehlte an Geld für Investitionen. Mehrere Minen schlossen. Hinzu kam: Die goldhaltigsten Vorkommen waren abgebaut. Die Bergleute verließen die Stadt. 1920 soll nur noch ein 90jähriger in Rhyolite gelebt haben.

Einst eine Handelsniederlassung (Trading Post)

Die Wüste holte sich zurück, was ihr der Mensch genommen hatte. Von 1988 bis 1998 gab es ein kurzes Comeback, als man nur eine Meile südlich im Tagebau goldhaltiges Gestein abbaute.

Heute

Rhyolite diente vielen Hollywood Filmen als Kulisse. Dem ersten bereits 1925, dem vorläufig letzten 2009 in „Twice as Dead“. Der ehemalige Bahnhof wirkt noch heute attraktiv. Die Ruinen der dreigeschossigen Cook Bank (FS. 60), des Schulhauses, des Eisenbahndepots und anderer Gebäude lohnen einen Stopp. Vielleicht auch das Bottlehouse mit 50.000 vermauerten Whiskeyflaschen. Die Geschichte der Gebäude ist auf Infotafeln beschrieben. Auch Bildhauer haben sich mit zahlreichen Statuen ein Denkmal gesetzt. Heute steht der Ort als *Historic Townsite* unter Denkmalschutz.

Rhyolite

Sehenswertes in der Umgebung

- **Death Valley:** Hwy 374 führt zum Osteingang des Death Valley mit der Borax Mine Ghost Town. Hier wurde Ende des 19. Jhdt. Borax, das „Weiße Gold“ abgebaut. Besuchenswert das Freiland-Borax-Museum in der Furnace Creek Road.
- **Mt. Charleston Wilderness Area** westlich von Las Vegas mit uralten Kiefern.

20 Gold Point und Sheriff Stone

Attaktion
Eine der best erhaltenen Ghost Towns in Nevada.

Wo: Von Hwy 95 zwischen Las Vegas und Tonopah auf Hwy 266 abbiegen und dann auf dem Abzweig CR 71 nach Gold Point. Die Zufahrt ist asphaltiert.

Campen: Campen und bed-and-breakfest in Gold Point.

Internet: Gold Point Ghost Town Nevada.

Geschichte

Die Bergbaugeschichte von Gold Point begann 1908 mit der Entdeckung von Silber. Innerhalb eines Jahres wohnten an die 800 bis 1000 Leute im Ort. Sie hausten teilweise in Zelten und armseligen Bretterbuden. 13 Kneipen versorgten die Bergleute mit flüssiger Nahrung.

Frachttransport 1908 nach Gold Pouint (Foto © Herb Robbies)

Es war kein leichtes Leben in dieser Einöde mit spärlicher Vegetation, mit heißen Sommern und frostig kalten Wintern. Wasser gab es nirgendwo in ausreichender Menge. So musste das erzhaltige Gestein auf Pferdewagen zu einer 20 Kilometer entfernten Aufbereitungsanlage transportiert werden. Frachtkosten je Tonne: 100 Dollar. Hinzu kamen Streitigkeiten um Besitzrechte. Sie behinderten den Abbau. Als das Geld aus dem Bergbau spärlicher floss, hatte der Großteil der Bewohner nur eine Wahl: Gold Point zu verlassen. Ein paar Unentwegte blieben. Reiche Goldfunde in den 1920ern brachten für einige Jahre das Leben zurück. Bis in die 1960er schürften Bergleute nach Gold. Schließlich überstiegen die Kosten den Wert der Ausbeute. Die letzten Lampen erloschen.

Fördergerüst

Heute

Herb Robbis, der sich Sheriff Stone nennt, und sein Freund kauften nach und nach den größten Teil des Ortes und begannen, vorhandene Gebäude und Einrichtungen zu stabilisieren und zu renovieren. Das ehemalige Postamt ist heute ein Museum mit vielen Exponaten aus der Bergbaugeschichte. Auf einer geführten Tour kann der Besucher über Leitern in eine Mine hinabsteigen.

Zu besonderen Anlässen erwacht in Gold Point die alte Wildwest-Zeit, so am Memorial Day, an Independence und Labor Day Wochenenden. Hunderte kommen an diesen Tagen (FF 31).

Herb ist erfinderisch beim Anlocken von Touristen. So soll die letzte Frau, die in Gold Point starb, als Geist weiter leben. Herb hat 500 Dollar dem versprochen, der vom Geist ein Foto schießt. Viele kamen. Das Preisgeld wartet. Wer will, kann in Gold Point stilvoll heiraten. Auch das Internet funktioniert. Der Ort hat derzeit zwei ständige Einwohner.

Sheriff Stone
Eine amerikanische Bilderbuchgeschichte

Herb Robbis wuchs in einer kleinen Stadt östlich von Sacramento in Kalifornien auf. Eines Tages nahm ihn sein Vater zum Goldwaschen mit. Er war damals 15 Jahre alt. Fünfzig Jahre später erzählt er seine Lebensgeschichte:

„Als wir die ersten Goldblättchen fanden, packte mich das Goldfieber und ließ mich nicht mehr los. Fast jedes Wochenende ging ich auf Goldsuche. Allein und mit Freunden. Wir fanden etwas Gold und viele Spuren des ehemaligen Bergbaus. Ich fotografierte alles. Mein Photoalbum umfasst heute über 8000 Aufnahmen. Und es werden mehr und mehr.

Eine Museumswand - Herb sammelt alles

Im Oktober 1978 kam ich erstmals mit meinem Freund Chuck nach Gold Point. Hier standen an die 50 alte, mehr oder weniger verfallene Gebäude. Es war ein Tag, der mein Leben veränderte. Zwei Monate später erwarben wir drei Grundstücke für insgesamt 1.500 Dollar. In den folgenden Jahren kauften wir, was erhältlich war. Ein Supergewinn bei einem Video Poker machte es möglich.

„Was wollt ihr mit all dem?“ fragen uns Freunde und Bekannte.

Wir möchten so viel wie möglich von der Vergangenheit erhalten. Die Gebäude und Anlagen sind über 100 Jahre alt. Sie sind ein Teil des amerikanischen Erbes. Wir wollen verhindern, dass Souvenirjäger Gold Point plündern. Der Ort soll künftigen Generationen seine Geschichte erzählen.

Wir haben viel Geld in den Ort gesteckt. Es kostet Tausende eine alte Bergmannshütte zu renovieren, sie für Gäste bewohnbar zu machen. Und die Preise für das benötigte Material steigen stetig.

Bei unserer Arbeit helfen uns Ghost Town Enthusiasten, die gelegentlich vorbeikommen und mit anpacken.“

Sehenswertes in der Nähe

- **Aufgelassene Minen:** Im Umkreis von einigen Kilometern liegen mehr als 30 aufgelassene Minen und Camps. Wer mit einem geländegängigen Fahrzeug unterwegs ist, kann interessante Entdeckungen machen.

Endstation
für Gangster

21 Goldfield

Queen of the Mining Camps

Attraktion
Ein Saloon aus dem Jahre 1905, der noch in Betrieb ist.
Ein Ort mit Wildwest Flair.

Goldsucher und Dampfloks
eroberten den Westen.

Wo: An Hwy 95 zwischen Las Vegas und Tonopah.

Campen: Death Valley National Park

Internet: www.goldfieldhistoricalcity.com

Geschichte

Billy Marsh und Harry Stimler entdeckten 1902 am Fuße des Columbia Mountain Gold. Wenige Monate später lebten in einer kleinen Zeltsiedlung 20 Goldsucher. Sie fanden das begehrte Metall in immer größeren Mengen. Schon 1904 hatte Goldfield 8000 Einwohner.

Wohnhäuser für Bergleute

1906 lebten 30.000 in der Stadt. Ein hart geführter Streik erschütterte 1907 den Ort. Die Bergleute forderten eine bessere Bezahlung. Hinzu kam, dass die Arbeiter ihre Kleidung vor und nach der Schicht wechseln mussten. Der Diebstahl von Goldstaub sollte so verhindert werden. Obwohl es keine ernsthaften Zusammenstöße gab, bat der Gouverneur auf Druck der Minenbesitzer Präsident Theodore Roosevelt, Soldaten nach Goldfield zu schicken. Angeblich um Ruhe und Ordnung wieder herzustellen. Unmittelbar nach ihrer Ankunft wurden die Löhne gesenkt.

1910, am wirtschaftlichen Höhepunkt, produzierten die Minen in einem Jahr Gold im Wert von 11 Millionen. Nach heutigen Preisen sind das mehrere Hundert Millionen. Die Stadt bot in jenen Jahren jeden Luxus. Sie erhielt den Beinamen „Queen of the Mining Camps“. Im Goldfield Hotel, 1908 während der Boomzeit gebaut, waren viele Zimmer mit Telefon, elektrischem Licht und Dampfheizung ausgestattet. Gäste konnten in einem Aufzug zu ihrer Zimmeretage fahren.

Historisches Wertpapier

Wenige Jahre später begann der wirtschaftliche Niedergang. Die Erträge ließen nach, Überflutungen und Feuer taten ein Übriges. 1920 zählte der Ort noch 1.500 Einwohner.

Heute

Nach der letzten Zählung lebten in Goldfield 440 Leute. Viele Gebäude sind „On Sale“. Das viergeschossige Hotel, einst ein Prunkstück zwischen Mississippi und Pazifik, will ein Privateigentümer restaurieren und für die Öffentlichkeit zugänglich machen. Der Santa Fe Saloon, 1905 eröffnet, bedient noch heute Gäste (FF 30). Das Eisenbahndepot gegenüber dem Saloon schloss 1928. Es wird derzeit restauriert. Die Goldfield Historic Society veröffentlichte einen ausgezeichneten Führer. Er ist kostenlos erhältlich im Besucherzentrum an der Main Street. Auf einem Lageplan sind 191 Objekte verzeichnet und kurz beschrieben.

Die Schule war von 1907 bis 1953 in Betrieb

Ein Geist spukt im Goldfield Hotel

Nach einer Legende spukt der Geist von Elizabeth in den Gemäuern des Hotels. Elizabeth, eine Prostituierte, soll vom damaligen Hoteleigentümer geschwängert worden sein. Um einen Skandal zu vermeiden, sperrte er sie im Zimmer 109 bis zur Geburt des Kindes ein. Nach der einen Version starb Elizabeth im Kindbett, nach einer anderen wurde sie vom Hotelbesitzer umgebracht. Das Kind soll er in einem Minenschacht „entsorgt“ haben. Seitdem ist angeblich das Wimmern eines Babys im Hotel zu hören und Elizabeth wandert ruhelos umher auf der Suche nach dem Kindsvater.

Sehenswertes in der Nähe

- **Death Valley National Park:** Über den Abbau von Borax, das „weiße Gold“ genannt, informiert der Hamony Borax Lehrpfad nördlich von Furnace Creek.

22 Tonopah

Queen of the Silver Camps

Attraktion
Tonopah Central Nevada Mining Museum

So fing es 1901 in Tonopah an
(Foto © City of Tonopah)

Wo: Tonopah an Hwy 6/93

Campen: NF Belmont Campground; kurz vor dem Ortseingang links

Internet: Tonopah Nevada; Tonopah Historic Mining Park; Tonopah Central Nevada Mining Museum

Geschichte

Jim Butler, ein weißer Rancher, prospektierte jede freie Minute. Er entdeckte 1900 nahe den Tonopah Springs mehrere reiche Silberadern. Die Kunde von dem Fund verbreitete sich in Windeseile. Bewohnten Weihnachten 1900 vierzehn Leute das Zeltcamp, waren es im darauffolgenden Sommer schon 650. Ende 1905 lebten 10.000 und zwei Jahre später 30.000 Leute in der Stadt. Bereits 1902 gab es 30 Saloons. Im Gegensatz zu anderen Bergbauorten blieb Tonopah von den üblichen Wildwestgeschichten verschont. Wyatt Earp sorgte als Marshall für Ordnung (s. Tombstone S. 17).

Tonopah Historic Mining Park

Die Boomzeit dauerte bis Mitte der 1920er. Dann ließen die Erträge nach. Von 1901 bis 1940 förderten die Minen Silber und Gold im Werte von knapp 149 Millionen Dollar.

Die Erste Ölkrise, Kriegsängste und hohe Inflationsraten ließen den Preis für Silber zwischen 1975 und 1980 explodieren. Er stieg von zwei auf fünfzig Dollar je Feinunze. Die Silberspekulation der Brüder Hughes brachte viel Hoffnung, doch wenig Leben nach Tonapah. Die Natur holt sich seitdem Stück für Stück zurück.

Heute

Noch immer wohnen ca. 2600 Leute in Tonopah. Der Verfall ist augenscheinlich. Zahlreiche Häuser sind „On Sale". Doch die Stadt wird überleben. Sie ist inzwischen zum Einkaufszentrum für ein weites Umfeld geworden.

Teil einer Hammermühle im Central Nevada Museum

Die Spuren des ehemaligen Bergbaus sind unübersehbar: Riesige Schotterhalden, beeindruckende Fördergerüste, eine gut erhaltene Eisenbahnbrücke, über die von 1905 bis 1948 Züge ihre Fracht transportierten und ein Maschinenhaus. Das restaurierte Mizpah Hotel soll eine besuchenswerte Herberge sein.

Geblieben ist auch das Andenken an Jim Butler. Die Stadt feiert alljährlich Ende Mai die Jim Butler Days. Sein Name steht über einem Moteleingang und eine Seitenstraße ist nach ihm benannt.

Im Tonopah Historic Mining Park wandert der Besucher in die Vergangenheit zurück (FF 30). Im Burro Tunnel geht´s auf ein Untergrund-Abenteuer. Auch Kurse in alten Handwerken werden angeboten. Ausgangspunkt Besucherzentrum an der McCulloch Ave. Offen: April bis Ende September täglich von 9 bis 17 Uhr. Von Oktober bis Ende März von 10 bis 16 Uhr. Gebühr.

Das Central Nevada Museum bietet einen anschaulichen Querschnitt durch die Bergbaugeschichte des Landes. Offen: Dienstag bis Samstag 9 bis 17 Uhr.

Legende von Jim Butlers Silberfund

Mehrere Versionen kursieren. Die bekannteste: Jim campte am 19. Mai 1900 an den Tonopah Springs. Als er sein grasendes Muli einfing, fand er in einem anstehenden Quarz kräftig gebändertes Silber. Jim war überzeugt, einen bedeutenden Fund gemacht zu haben. Er brachte eine Gesteinsprobe zum einem Prüfer. Das Ergebnis: Das Gestein enthält hauptsächlich Eisen und ist wertlos.

Jim misstraute dem Prüfer. Auf dem Weg

zurück zu seiner Ranch sammelte er an den Tonopah Springs einige Quarzbrocken und legte sie zu Hause auf das Fensterbrett.
Ein paar Tage später kam Tasker Oddie, der spätere Gouverneur von Nevada vorbei und sah die Gesteinsproben. Jim: „Wertloses Zeug, meint der Prüfer."
Oddie ließ einige Stücke von einem Chemiker in Austin untersuchen. Dessen Analyse: Silber für 600 und Gold für 206 Dollar je Tonne.
Im August 1900 meldete Jim bei der Kreisverwaltung in Belmont seinen Anspruch auf acht Claims an. Unter ihnen Desert Queen, Burro und Mizpah. Jim verpachtete seine Ansprüche für 25 Prozent Gewinnbeteiligung. (Nach einem Bericht von Shawn Hall).

23 Belmont

Von der Kreisstadt zur Ghost Town

Attraktion
Zahlreiche Reste aus einer kurzen Boomzeit.

Wo: Von Tonopah auf Hwy 6 nach Osten bis Hwy 376 und den Schildern nach Belmont folgen. Die Zufahrt ist asphaltiert.

Campen: NF Belmont Campground am Ortseingang. Kein Wasser. Keine Gebühr.

Internet: Belmont Ghost Town NV

Monitor Mühle

Geschichte

Die Boomzeit währte 20 Jahre, vom 1865 bis Mitte der 1880er. Mehrere Tausend Einwohner zählte damals der Ort, der aus zwei Teilen bestand: Die Stadt und über dem Bergrücken eine Meile entfernt das Bergbaugebiet mit zahllosen Schächten, sechs Hammermühlen, Zeltcamps und Einraumunterkünften für die Bergleute. Der ohrenbetäubende Lärm der Hammermühlen dröhnte kilometerweit. Tag und Nacht. Unter ihnen die Cameron Hütte – mit 40 Hämmern eine der größten in Nevada. 20 Saloons boten hochprozentige Flüssigkeiten.

Dirty Dick´s Salon wartet schon lange auf Gäste

Der ehemalige Reichtum an Gold und Silber schuf zwei bedeutsame architektonische Bauten: Die Cosmopolitan Music Hall und das *Courthouse*. 1867 wurde

Highbridge Mühle

Belmont Kreisstadt. Doch bald danach begann das langsame Sterben. Die ertragreichsten Erzvorkommen waren abgebaut. Eine neue Mühle – die alte wurde teilweise ausgeschlachtet – konnte das Ende nicht abwenden. Eine Mine nach der anderen schloss. Viele Bergleute zogen in das benachbarte Manhatten um. Sie nahmen sogar die Kirche mit. 1889 hatten die meisten Geschäfte und Bewohner den Ort verlassen. 1905 zog die Kreisverwaltung in das erst ein paar Jahre zuvor gegründete Tonopah um. Auch die Wells Fargo Bank verließ Belmont. Das Gebäude diente danach als Gefängnis und zuletzt als Kaufladen. Mehrere Wiederbelebungsversuche scheiterten. Die 1915 gebaute Highbridge Hütte zum Aufbereiten alter Halden brachte keinen neuen Boom.

Heute

Vom Glanz jener Jahre ist nur noch das Courthouse geblieben. Es steht unter Denkmalschutz. Die Cosmopoliton Music and Dance Hall – einst Stätte rauschender Feste – war 2010 nur noch ein Trümmerhaufen aus Brettern und Balken. Von der ehemaligen Wells Fargo Bank blieb nur die Frontseite. Der Dirty Dick´s Saloon steht zum Verkauf.

Ehemaliges Wohnhaus nahe der Cameron Mühle

Das ehemalige Bergbaugebiet bietet zahlreiche Fotomotive. Es lohnt, herumzustöbern.

Sieben ständige Bewohner zählt der Ort. Ein paar mehr kommen von Tonopah und Las Vegas als Sommerbesucher. Sie versuchen, das eine oder andere zu erhalten und besucherfreundlich zu gestalten. So hat Belmont wieder eine Kirche, eine Kopie des originalen Gebäudes, das die Bergleute vor über 100 Jahren nach Manhattan mitgenommen hatten.

Sehenswertes in der Nähe

- **Manhatten** mit historischen Gebäuden, u. a. die von Belmont umgesiedelte Kirche.

Kirche in Manhattan

Info

Bergleute • Gewerkschaftler • Minenbesitzer

Auseinandersetzungen zwischen Bergleuten, ihrer Gewerkschaft und den Minenbesitzern waren in den Bergwerkssiedlungen an der Tagesordnung. Die einen glaubten, zu wenig Geld für ihre gefährliche und harte Arbeit zu erhalten, die anderen verdächtigten die Arbeiter, sie zu bestehlen. Die Gewerkschaften waren die erklärten Feinde der Eigentümer. Sie galt es mit allen Mitteln zu bekämpfen. Im wahrsten Sinne des Wortes. Man sperrte ihre Mitglieder ein oder deportierte sie. Um abzuschrecken, hängte man in Belmont zwei Gewerkschaftler. Einer war 15 Jahre alt.

24 Berlin

Gold • Silber • Fischsaurier

Attraktion

Vor 100 Jahren eine Bergbausiedlung, vor 225 Millionen Jahren Lebensraum für riesige Ichtosaurier. Sehr gut erhaltene Bergwerksanlagen.

1 **Wo:** Von Hwy 6/50 zwischen Fallon und Austin auf Hwy 361 einbiegen. Abzweig State Road 844 bis zum Berlin-Ichtosaur State Park. Die Zufahrt bis auf die letzten zwei Meilen asphaltiert. Geeignet für alle Fahrzeuge.

Campen: Campingplatz im *State Park*

Internet: Berlin-Ichtosaurier *State Park* NV

Geschichte

Ein Platz, der eine archäologische und eine mineralogische Fundstätte verbindet. Zu Beginn des Erdmittelalters vor 225 Millionen Jahren bedeckte ein tropisches Meer das Land. Bis zu 20 Meter lange Fischsaurier – Giganten der Urzeit – gingen hier auf Jagd. Ihre versteinerte Reste wurden ausgegraben und im Museum ausgestellt.

In der Alchemistenküche bestimmte der Laborant den Erzgehalt des Gesteins

1863 fanden Prospektoren in den Bergen Silber. Es entstanden mehrere Camps: Union, Ione, Grantsville und 1869 Berlin. Die Berlin Mine förderte erst ab 1896 Gold. Ihre Ausbeute bis 1911: 850.000 Dollar bei einem Goldpreis von 20 Dollar je Unze. Um an das metallhaltige Erz zu kommen, sprengten die Bergleute Stollen in einer Länge von 5 Kilometer in den Berg.

Das Bergbaugebiet war verhältnismäßig klein. Nur 200 bis 250 Männer arbeiteten als Bergleute, Holzfäller und Köhler. Es gab auch einen Arzt, eine Krankenschwester, einen Ranger und eine Prostituierte. 1911 kam das Aus. Der Abbau lohnte nicht mehr.

Bis zu 20 Meter lang waren die Fischechsen

Heute

Viele historische Gebäude sind erhalten, stabilisiert oder restauriert. Wie Berlin zu seinem Namen kam, konnte der Parkranger nicht erklären. „Deutsche“, so meinte er, „haben in Berlin nicht gearbeitet.“

Die Parkverwaltung bietet drei Touren an:

- Fischsaurier-Museum: Der Park enthält eine Ausgrabungsstätte von Fossilien. Sie ist auf geführten Touren zugänglich. Von Mitte März bis Mitte November täglich um 10 und 14 Uhr. Von Memorial Day (Ende Mai) bis Labor Day (Anfang September) samstags und sonntags zusätzlich um 12 Uhr. Dauer 45 Minuten.

- Berlin-Townsite-Tour: Gang durch die Ghost Town. Dauer: 1½ Stunden. Samstags und sonntags um 15 Uhr.
- Diana Mine Tour: Die Mine ist in weiten Teilen in ihrem ursprünglichen Zustand belassen. Sie vermittelt den Eindruck als ob die letzte Schicht gerade gegangen ist und morgen wieder zur Arbeit kommt. Diana und Berlin Mine sind über einen Tunnel miteinander verbunden. Freitags, samstags und sonntags um 11 Uhr. Reservierung beim Parkranger erforderlich

25 Virginia City

Einst reichste Stadt der Erde

Attraktion
Prunkvolle Bauten im Viktorianischen Stil

Wo: Von Carson City auf Hwy 50 bis Abzweig Hwy 342

Campen: RV-Parks und Campingplätze in Virginia City und Umgebung

Internet: Virginia City NV (www.virginiacity-nv.org); www.blackbart.com

Geschichte

Der Bergbauboom in Nevada begann in Virginia City. Silber wurde schon 1850 entdeckt. Doch die Goldfunde in Kalifornien hatten eine stärkere Anziehungskraft. So begann der Abbau in größerem Umfang erst 1859. Weltbekannt wurde die Comstock Goldader. Ihr Reichtum schien unermesslich. Die geschätzte Ausbeute an Silber und Gold: 1 Milliarde Dollar (FF 12). Doch die Männer der ersten Stunde hatten wenig Glück:

Viginia City 1875, gemalt von Augustus Koch (Foto Medienarchiev Wikipedia)

- Henry Comstock verkaufte seine Minenanteile für 11.000 Dollar, war wenig später arm wie eine Kirchmaus und beging Selbstmord.
- Peter O´Riley verkaufte ebenfalls und endete in einer Nervenheilanstalt.
- Pat McLaughin verkaufte, versoff das Geld und landete in einem Armengrab.
- Finney verkaufte seinen Anteil für eine Flasche Whiskey und ein blindes Pferd.

Einige Männer der zweiten Stunden wurden mit Aktienspekulationen Multimillionäre: James Four, James Flood, John Mackay und William O´Brien. Sie waren „The Kings of the Comstock". Ihr Vermögen wurde auf 160 Millionen Dollar geschätzt. Auch William Shoron gehörte zu den Reichen. Er lieh Bergleuten und Mühlenbesitzern Geld. Wenn sie nicht mehr zahlen konnten, übernahm er ihren Besitz.

Rund 100 Saloons machten gute Geschäfte. Einer der bekanntesten, der Boston Saloon, wurde von einem Afroamerikaner betrieben. Zu einer Zeit, in der in weiten Teilen der USA noch die Sklaverei herrschte. Das bekannteste Bordell betrieb Julia Belett. Sie war auch Ehrenmitglied der städtischen Feuerwehr.

Der Geldregen schlug sich in prächtigen Villen und Luxushotels im viktorianischen Stil nieder. Im Opernhaus traten weltberühmte Künstler auf.

In der Boomzeit um 1880 zählte die Stadt 11.000 Einwohner. Unter ihnen Samuel Clemens, bekannt geworden unter dem Pseudonym Mark Twain. Seine Bücher „Die Abenteuer des Tom Sawyer" und „Huckleberry Finn" wurden in viele Sprachen übersetzt. Twain arbeitete 1862 und 1863 in Virginia City als Reporter für eine Zeitung. Mit seinen Reportagen schuf er Bausteine für den Mythus „Wilder Westen".

Bevor das Auto die Straße eroberte ...

Auch in Virginia City wuchsen die Bäume nicht in den Himmel. Eines Tages waren die ergiebigsten Adern abgebaut. Der Verfall des Silberpreises und eine Wirtschaftskrise beendeten 1919 eine glanzvolle Zeit. Um 1930 lebten nur noch 500 Leute in der Stadt.

Heute

Virginia City war nie eine Ghost Town. Doch Geschäftsleute und Stadtväter pflegen sorgsam das Image. Bringt es doch viele Dollars. Zahlreiche Gebäude aus der Zeit von 1860 und 1870 wurden restauriert. Ebenso das Opernhaus und die alte Schule, in der heute ein Museum untergebracht ist. Hölzerne Gehsteige in der Hauptstraße bringen die Besucher trockenen Fußes von Geschäft zu Geschäft, von Saloon zu Saloon. Der größte Teil der Stadt steht unter Denkmalschutz. Jährlich kommen an die zwei Millionen Touristen nach Virgina City.

Info

Black Bart, ein Gentleman-Gangster

Hollywood verewigte Überfälle auf Banken, Postkutschen und Eisenbahn. Die Akteure waren meist schießwütige Gestalten. Es gab auch andere: Matt Warner ging als ein Robin Hood in die Geschichte ein, da er seine Beute mit den Ärmeren teilte und zu guter Letzt als Sheriff starb. Eine ebenfalls für Amerika nicht alltägliche Karriere gelang Charles E. Boles alias Charley Black Bart. Er schaffte es vom Goldsucher und dekorierten Offizier zum Banditen.

Im Unabhängigkeitskrieg zeichnete sich Charles mehrfach aus. Er brachte es bis zum Oberleutnant und wurde 1865 ehrenvoll entlassen. 1871 schrieb er seiner Frau, dass er einige Unannehmlichkeiten mit Leuten von der Wells Fargo Company gehabt hätte und es ihnen heimzahlen wolle.

Keiner weiß, was passiert war. Doch das Ereignis veränderte Charles´ Leben. Als Gentleman-Bandit wurde er zur Legende. Bei den Überfällen auf Postkutschen war er seinen Opfern gegenüber besonders höflich. „Please throw down the box" bat er den Lenker der Kutsche. Als eine in Panik geratene Frau ihm ihre Geldbörse zuwarf, gab er sie zurück: „Danke Madam, ich nehme nicht Ihr Geld. Ich will nur das von Wells Fargo."

Auf den Inhalt dieser Kisten hatte es Black Bart abgesehen.

In schweren Kisten ließ Wells & Fargo Goldstaub, Goldbarren, Goldmünzen, Schecks und Dokumente transportieren. Bei seinem ersten Überfall erbeutete Charles 160 Dollar, bei einem anderen 80.000. Insgesamt achtundzwanzig Mal schlug er zwischen 1875 und 1883 zu. Bei seinem letzten Überfall am 3. November 1883 hatte er Pech. Er musste fliehen und verlor dabei ein Taschentuch – gekennzeichnet von einer Wäscherei mit F.X.O.7. Einem Wells Fargo Detektiv gelang es, den Eigentümer ausfindig zu machen. Es war Black Bart, der als seriöser Bergbau-Ingenieur in San Francisco in einer Pension lebte und gelegentlich „geschäftlich" vereiste. Der Detektive vermerkte in seinem Bericht, dass Black Bart „ein außergewöhnlich höflicher und gebildeter Mensch" sei.

Charles wurde zu sechs Jahren Haft verurteilt und nach vier Jahren auf grund guter Führung entlassen. Zwei Monate danach verschwand er, spurlos. Das Gerücht kam auf: Für das Versprechen, keine Wells Fargo Kutschen mehr zu überfallen, soll ihm die Bank bis zu seinem Tod eine Rente gezahlt haben.

Sehenswertes in der Nähe

- **Ponderosa Ranch:** Kulisse für Bonanza TV-Serie
- **Bodie Historic State Park:** 12 Meilen südöstlich Bridgeport, CA. Eine fotogene authentische Wildwest Ghost Town. Im *National Register of Historic Places* verzeichnet

26 Cold Springs Pony Express Station

Attraktion
Reste einer 1860 gebauten Pony Express Station.

Wo: Hwy 50 zwischen Austin und Fallon (Nevada), 1 Meile westlich von Cold Springs. Der Pfad zur Pony Express Station beginnt am Informationsstand. Die Zufahrt ist asphaltiert.
Campen: NF Bob Scout campground und Hickson Petroglyph Recreation Area an Hwy 50
Internet: Cold Springs Pony Express Station; Pony Express; Robert Haslam

Zu Ehren der Pony Express Reiter

Infotafel an der Cold Springs Express Station

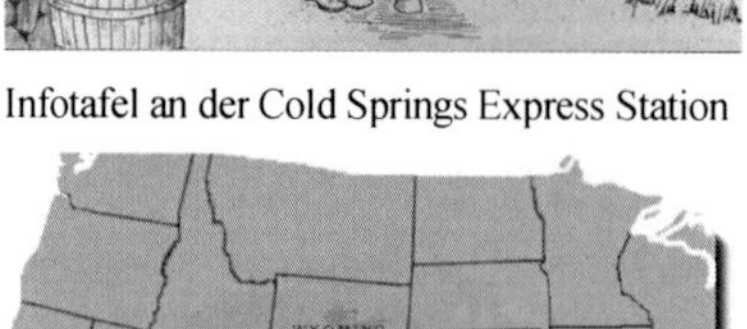

Pony Express Route (Foto NPS)

Geschichte

Für eine kurze Zeit beförderten Briefträger auf dem Pferd die Post quer über den halben nordamerikanischen Kontinent – von St. Joseph, Missouri nach Sacramento und San Francisco in Kalifornien. In Abständen von 20 bis 60 Kilometern wurden Stationen zum Wechseln der Pferde und Versorgen der Reiter eingerichtet

Das Endes dieses Dienstes kam am 28. Oktober 1861. Vier Tage zuvor hatte die Transkontinental Telegraph Linie den Dienst aufgenommen. Sie überwandt die gleiche Strecke statt in zehn Tagen in Sekunden. Der Pony Express Service wurde von einem Tag zum anderen Vergangenheit.

Heute

Die Route wurde 1992 als Pony Express *National Historic Trail* ausgewiesen. Eine Info-Stand am Beginn des Weges zur Cold Springs Station informiert in Text und Bild über den Express-Postdienst. Die Ruine der Cold Springs Station ist vom Parkplatz knapp 2,5 Kilometer entfernt. Der gut begehbare Pfad führt über eine leicht ansteigende mit Sagebrush bewachsene Schotterebene. Die Station ist verhältnismäßig gut erhalten. Die Mauern des Gebäudes sind aus unbehauenen Gesteinsblöcken aufgeschichtet, fensterlos, nur mit Schießscharten versehen. Die jetzt vorhandene Fensteröffnung wurde erst nach Ende des Paiute Krieges 1861 angebracht.

Strandgut am Highway 50

Die Cold Springs Pony Express Station umfasste vier Räume: Einen Wohn- und Schlafraum für die Besatzung, einen Raum mit einer Schmiede, die Stallungen für die Pferde und den Stapelraum für Heu. Tafeln an der Stationsruine liefern weitere Informationen. Die Cold Springs Pony Express Station ist als *National Historic Site* registriert.

Cold Springs Pony Express Station

Parallel zum Hwy 50 ist an vielen Stellen noch die ehemalige Pony Express Route zu erkennen.

Nur wenige Hundert Meter vom P und TH entfernt sind die Reste einer Telegraph Station erhalten, jedoch nicht zugänglich.

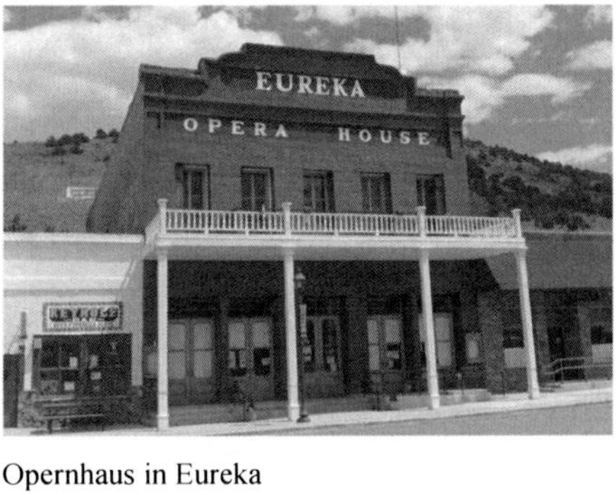

Opernhaus in Eureka

Info

Pony Express Service – E-mail des 19. Jahrhunderts

Ein Brief je Unze (28,3 Gramm) kostete je nach Entfernung einen bis fünf Dollar. Der erste Ritt fand am 3. April 1860 statt.
18 Monate lang transportierten Briefträger zu Pferde Express Post von St. Joseph, Missouri, nach Sacramento und San Francisco in Kalifornien. Eine Strecke von rund 3.100 Kilometern legten die Reiter in zehn Tagen zurück. Davon 1000 Kilometer im vollen Galopp.
In Etappen von 20 bis 60 Kilometern ritten sie von Station zu Station. Sie wechselten das Pferd, tranken etwas Wasser, aßen einen Happen und der Ritt begann von Neuem. Insgesamt 120 bis 160 Kilometer. Dann übernahm ein anderer die Post. 80 Männer waren Tag und Nacht unterwegs. Einer von ihnen, der fünfzehnjährige Cody, wurde als Buffalo Bill weltbekannt.
Der Express Dienst erforderte im teilweise unwegsamen Gelände von Mensch und Pferd das Äußerste. Es war nicht nur ein anstrengender sondern auch ein gefährlicher Job. Stationen und Reiter waren wiederholt das Ziel von Überfällen. Indianer töteten einen Pony Express Reiter.
Der Pony Express Dienst war die E-mail des 19. Jahrhunderts. Benötigte zuvor die Post von der Ostküste zur Westküste sechs bis acht Wochen, erreichte sie nun in 10 Tagen ihr Ziel. Die schnellste Lieferung mit der Antrittsrede des amerikanischen Präsidenten Abraham Lincoln wurde nach 7 Tagen und 17 Stunden zugestellt. Nur eine einzige Sendung ging verloren.
Wer waren diese Pony Rider?
In einer landesweiten Werbung wurden junge, drahtige Kerle gesucht. Erfahrene Reiter nicht älter als 18. Sie mussten bereit sein, täglich ihr Leben zu riskieren. Männer ohne Anhang wurden bevorzugt. Lohn per Woche: 25 Dollar. 120 meldeten sich auf diese Anzeige.

Pony Bob, der wagemutigste Pony Reiter

Den Ruf, der wagemutigste und kühnste Reiter zu sein, beanspruchte Robert Haslam, genannt "Pony Bob". Er entkam Indianern und überlebte Begegnungen mit Straßenräubern. Bob, damals 20 Jahre alt, erzählte in einem Zeitungsartikel von seiner Arbeit.
„Acht Monate nach dem Start des Pony Express Dienstes begann Ende 1860 in Nevada der Paiute Krieg. Die Indianer wehrten sich gegen die zunehmende Zahl an Weißen, die in ihre Jagdgebiete eindrangen. Virginia City erwartete stündlich einen Angriff. Von der Stadt konnten die Menschen die Signalfeuer der Indianer auf den umliegenden Bergspitzen sehen. Ein im Bau befindliches Hotel, bereits zwei Stockwerke hoch gemauert, wurde in ein Fort und eine Zufluchtsstätte für Frauen und Kinder umgewandelt. Alle Männer und Pferde wurden zum Dienst eingezogen.
Das war die Lage als ich von Virginia City los ritt. Meine erstes Ziel: Die Reed Station am Carson River. An der Station gab es keine Pferde zum Wechsel. Man hatten sie nach Virginia City abtransportiert. Ich ritt 15 Meilen weiter nach Fort Churchill, der nächsten Station. Hier weigerte sich der nächste Reiter aus Angst vor den Indianern, die Post zu übernehmen. Dem Stationsleiter gelang es nicht, ihn zu überreden. Er schaute mich an und sagte: „Bob, ich gebe dir 50 Dollar wenn du weiter reitest.“

Gesucht ... (Foto public domain)

Ich überprüfte mein Spencer Gewehr mit sieben Schuss und meine beiden Colts und zehn Minuten später ritt ich zur 35 Meilen entfernten Sand Springs Station. Pferdewechsel, ein paar Happen für den Magen und weiter ging es zur Cold Springs Station, 37 Meilen entfernt. Wieder Pferdewechsel und nochmals 30 Meilen bis zur Smith Creek Station. Hier übernahm ein anderer Reiter die Post.
Ich war an diesem Tag über 100 Meilen in acht Stunden und 20 Minuten geritten. Nach neun Stunden Pause ritt ich zurück zur Cold Springs Station. Sie war in der Zwischenzeit von Indianern überfallen, der Stationsleiter getötet und die Pferde geraubt worden. Ich gab meinem Pferd zu saufen und ritt weiter. Die Dunkelheit brach herein. Stille. Ab und an das Heulen von Wölfen und Coyoten. Ich beobachte jede Reaktion meines Pferdes. Spitzt es die Ohren, wäre es ein Signal für Gefahr gewesen. Ich war bereit, zu kämpfen. Doch ich schaffte es ohne Zwischenfälle zur Sand Springs Station. Hier konnte ich den Leiter überreden, die Station zu verlassen und mit mir zu reiten. Eine Entscheidung, die ihm vermutlich das Leben rettete..."
Bob stellte mit über 200 Meilen einen Streckenrekord auf. Nach Stilllegung des Postdienstes arbeitete er als Express Reiter für die Wells Fargo Bank in Virginia City. Er war auch einige Monate zwischen Reno und Virginia City unterwegs. Sein Nachfolger auf dieser Strecke wurde beim ersten Ritt von Indianern getötet. (Nach einem Bericht von Robert Haslam in Harper´s Weekly 1867.)

Info

Highway 50 – Amerikas einsamste Straße

Highway 50 – als einsamste Straße Amerikas beschrieben – quert das Great Basin. Weite Täler und Bergketten wechseln ab. Eine Traumstraße für Landschaftsfotografen.
Der Highway folgt alten Pfaden, einst von Ureinwohnern, Entdeckern, Goldsuchern und Siedlern benutzt. Auch die Overland Stage Line, die Pony Express Route und die erste transkontinentale Telegraphenlinie folgten diesen Spuren. Ebenso Highway 50, die erste durchgehend asphaltierte Straße zwischen New York und San Franzisko.

Wasser ist im Great Basin und längs des Highway Mangelware. Bäche und Flüsse, gespeist von der Schneeschmelze und spärlichem Regen, versickern nach kurzem Lauf, ihr Wasser verdunstet unter der gleißenden Sommersonne. Kein Fluss verlässt das Basin, kein Tropfen Wasser erreicht den Pazifik.
Nach einem kurzen Bergbau-Boom in der zweiten Hälfte des vergangenen Jahrhunderts ist wieder Ruhe längs des Highway 50 eingekehrt. Die wenigen Siedlungen liegen 100 und mehr Kilometer voneinander entfernt. Austin mit ehemals mehreren Tausend Einwohnern zählt heute nur noch 330. Ihr Reichtum gründete sich auf Blei. Zum Einkaufen im Supermarkt müssen die Einwohner 114 Kilometer nach Eureka oder sogar 200 Kilometer nach Tonopah fahren. Auch die Kreisstadt Eureka schrumpfte von mehr als 10.000 im Jahr 1878 auf gegenwärtig 650 Einwohner. Vor kurzem entfernte die Telefongesellschaft das letzte öffentliche Münztelefon. Im Zeitalter des Handys lohnte es nicht mehr. Zwei Orte auf dem Weg zur Ghost Town?

Sehenswertes am Highway 50

- **Austin:** An der Hauptstraße das International Cafe, als Hotel 1859 in Virginia City gebaut und 1863 nach Austin verfrachtet (FF 35). Stokes Castle ist als historischer Platz registriert. 12 Meilen östlich von Austin laden die Spencer Hot Spings zum Baden ein.
- **Eureka:** Zahlreiche Gebäude aus der viktorianischen Zeit. Glanzstück: Das 1880 gebaute und 1983 restaurierte Opernhaus.
- **Ely:** Downtown mit verlassenen Gebäuden; moderne Wandmalerei vom Bau der Holzkohlenöfen in Ward (FF 7).

27 Ward Holzkohlenmeiler

Attraktion
Sechs große, steinerne Kohlenmeiler

Wo: Von Hwy 6/50 18 südöstlich von Ely ein beschilderter Abzweig zum Ward Charcoal Ovens Historic State Monument. Den Schildern folgen. Gut befahrbare Staubstraße.

Campen: Der Campingplatz in der Nähe Meiler ist sehr einfach und ohne Schatten. Campingplätze im Great Basin National Park. Im Sommer an Wochenenden überfüllt.

Nachschub für die Holzkohlenmeiler (Foto public domain)

Internet: Ward Charcoal Ovens

Geschichte

Die Brüder Ballinger entdeckten 1872 im Willow Creek Basin Silber. Erst als Investoren von San Francisco einige Claims aufkauften und Schmelzöfen zum Verhütten des Erzes von italienischen Steinmetzen mehrere Holzkohlenmeiler bauen ließen, begann ein kurzer Boom (FF 5). Er dauerte von 1875 bis 1879. Bis zu 1500 Leute lebten im Ort. Der Mangel an Holz und abbaubaren Silbererzen läutete schon nach vier Jahren das Ende des Bergbaus ein. Die Ausbeute: Silber im Wert von 7 Millionen Dollar.

Heute

Von der ehemaligen Siedlung sind ein paar Grundmauern und ein Friedhof mit lesenswerten Grabinschriften geblieben. Einige bezeugen: Man starb jung in Ward. Die gut erhaltenen Kohlenmeiler lohnen einen Fotostopp.

Man starb jung in Ward

Auch Ward hatte seine Wildwestzeit. Überfälle auf Postkutschen waren nicht selten. Angeblich soll Wells Fargo – die älteste Bank in den USA – einem notorischen Bankräuber monatlich 75 Dollar bezahlt haben, damit er nicht aktiv wird. Eine der zahllosen Legenden, die überall im Westen kursieren. Wenig glaubhaft. War es doch üblich, mit einem Räuber oder Pferdedieb kurzen Prozess zu machen: Für schuldig befunden und aufgehängt.

Info

Vom Holz zur Holzkohle

Holzkohle benötigt im Schmelzofen weniger Platz und erzeugt mehr Hitze als Holz. Das Holz von Lärchen und Kiefern wurde in Stücke von 1,5 bis 1,8 Meter Länge geschnitten und im Ofen waagrecht aufgeschichtet. In der Mitte blieb ein kleiner Schacht als Schornstein frei. War der Ofen gefüllt, wurde das Holz angezündet und alle Öffnungen mit Eisentüren verschlossen und zuzementiert. Über drei kleine Öffnungen gelangte gerade so viel Sauerstoff in den Ofen, dass das Feuer nicht ausging, nur schwelte. An der Farbe des Rauches erkannte der Köhler die Stärke des Feuers. Über die Belüftungsschächte regulierte er den Kohlungsprozess.

Nach 9 bis 11 Tagen schloss der Köhler die Belüftungsöffnungen – das Feuer „erstickte“. Ehe der Ofen entleert werden konnte, musste die Holzkohle abkühlen. Danach wurde sie in Leinensäcke verpackt und zum Schmelzofen transportiert. War Wasser zum Abkühlen vorhanden, dauerte der gesamte Vorgang vom Befüllen, Befeuern und Entleeren 13 Tage, ohne Wasser 2 Tage länger.

Die Holzkohlenmeiler in Ward sind aus 50 Zentimeter dicken Blöcken aus vulkanischem Tuff errichtet, zehn Meter hoch und bienenkorbähnlich geformt. Der Durchmesser am Grund beträgt neun Meter. Diese Konstruktion reflektiert die Hitze zum Zentrum des Ofens und verringert so den Verlust an Wärme.

Sehenswertes in der Nähe

- Great Basin National Park mit dem 3.982 Meter hohen Wheeler Peak, dem höchsten Berg Nevadas und uralten Kiefern (Bristlecone Pine).
- **Ely:** Main Street mit Wandmalerei (FF7)
- Im White Pine County (Ely) kann man 37 ehemalige Bergwerkssiedlungen als Ghost Town besichtigen. Fragen Sie in Ely im Chamber of Commerce nach Prospekten über Ghost Towns in Nevada.

Promontory am 9. Mai 1869 (Foto © NPS)

28 Silver Reef

You can´t get silver out of sandstone!

Attraktion
Silber, gefunden in Sandstein; Reste von Gebäuden und Bergbauanlagen

Wo: I-15 zwischen St. George und Cedar City bis Leeds, Ausfahrt 22 bzw. 23. Der Beschilderung folgen. Die Zufahrt ist asphaltiert.
Campen: BLM Red Cliffs Campground über die I-15, Ausfahrt 22; NF Oak Groves Campground 8 Meilen von Silver Reef. Zufahrt nicht für Wohnwagen.

Internet: Silver Reef Utah

Geschichte

Bereits 1866 wurde am Fuße der Pine Valley Mountains Silber entdeckt. 1874 erwarben zwei Prospektoren in der Nähe von Leeds Schürfrechte. Es dauerte seine Zeit bis sich Investoren fanden. Doch bereits 1876 lebten im Camp Silver Reef über 1000 Leute. Drei Jahre später waren es an die 2.000. Sechs Mühlen zertrümmerten das silberhaltige Gestein. Die üblichen Geschäfte und Etablissements bedienten die Einwohner.

Wenig ist von den Bergbauanlagen erhalten

Auch für Silver Reef kam die Stunde der Wahrheit. Zwei Faktoren beschleunigten den Niedergang: 1. Der sinkende Silberpreis. 2. Steigende Unkosten bei der Förderung. Die Pumpen schafften nicht mehr das eindringende Wasser. Die ersten Minen stellten 1884 ihre Arbeit ein, die letzte schloss 1891. Um die Jahrhundertwende war der Ort verlassen, viele Häuser nach Leeds umgesiedelt oder ausgeschlachtet. Ein paar Jahre später zerstörte ein Feuer den Rest. Versuche, den Bergbau wieder zu beleben, scheiterten.

Zwischen 1876 und 1891 förderten die Bergleute Silber im Wert von neun Millionen Dollar. Nach anderen Quellen 25 Millionen Dollar. Zum damaligen Durchschnittspreis von 1,19 Dollar je Unze.

Heute

ist Silver Reef eine moderne Wohnsiedlung. Von der ehemaligen Bergbausiedlung ist in der Main Street das Gebäude der Wells Fargo Bank erhalten und im *National Register of Historic Places* gelistet. Es dient als Museum und Kunstgalerie. Von der chinesischen Drogerie stehen nur noch ein paar Mauern. Das alte Pulvermagazin wurde zum Besucherzentrum umgebaut. Auf dem Friedhof außerhalb des Ortes liegen Gräber der ersten Stunde.

Ehemalige Drogerie

Info

Silber im Sandstein?

Bergbauingenieure, Professoren der Metallurgie und andere Experten waren sich in der zweiten Hälfte des 19. Jahrhunderts in einem einig: Silber konnte nicht im Sandstein entstehen. Wer behauptete, Silber im Sandstein gefunden zu haben, erzählte Prospektoren-Latein.

Zahlreiche Legenden ranken sich um die Entdeckung in den Pine Valley Mountains. So die Story um Murphy. Als Laborant bestimmte er den Metallgehalt in Erzen. Er lebte und arbeitete in einem Camp in Nevada unweit der Grenze zu Utah. Bei den Bergleuten war er für seine optimistischen Prognosen bekannt. „Er würde", so einer von ihnen, „Silber in einem Schleifstein finden."

Der Legende nach beschlossen sie eines Abends nach vielen Drinks, ihm einen Streich zu spielen. Sie zertrümmerten einen ausgedienten Schleifstein und gaben Murphy einige Stücke zur Prüfung. Wie sie vermuteten, war das Ergebnis positiv: 200 Unzen je Tonne. Aus Spaß wurde Ernst. Den Bergleuten platzte der Kragen. „Verschwinde oder wir hängen dich auf!"

Murphy nahm die Drohung ernst, packte seine Sachen und verschwand in Richtung Toquerville in Utah. Hier war der Schleifstein gefertigt worden. Aus Sandstein am Fuße der Pine Valley Mountains. Es ist nicht nachgewiesen, ob Murphy hier einen Claim absteckte. Jedenfalls wurde Silver Reef der erste Platz in Nordamerika, an dem Silber im Sandstein gefunden wurde.

Sehenswertes in der Nähe

- **Hamilton Fort:** 6 Meilen südlich von Cedar City

29 Grafton am Zion Nationalpark

Attraktion
Attraktive Reste einer Mormonensiedlung am Virgin River vor einer eindrucksvollen Bergkulisse.

Wo: Nahe des Westeingangs zum Zion National Park auf Hwy 9 bis Rockville. Im Ort auf einer schmalen Straße nach Süden abbiegen und über die Virgin River Brücke nach Neu Grafton und weiter zur Ghost Town. Die Zufahrt ist außer der letzten Meile asphaltiert und für alle Fahrzeuge geeignet.

Campen: Campingplätze im Zion Nationalpark. Freies Campen ist am HWY 9 zwischen MP 23/24 möglich.

Internet: Grafton Ghost Town Utah; Mormonen; Brigham Young

Geschichte

Zwischen 1857 und1862 gründeten Siedler am Virgin River mehrere Dörfer: Virgin, Dalton, Adventure, Mountain Dell, Grafton, Northrop und Springerville. Sie bauten an, was sie zum Leben brauchten und züchteten Schafe. Harte Jahre folgten. Für verschlissene Kleider gab es keinen Ersatz. Die Planen der Wagen und die Zelte wurden umfunktioniert. Auf der bloßen Haut jedoch kein angenehmes Tragen. Es dauerte seine Zeit, bis die Siedler über ausreichend Schafwolle verfügten und verarbeiten konnten.

Ghost Town Grafton

Kirche und Schule

Auch die Natur war den Siedlern nicht wohlgesonnen. Am Heiligen Abend 1861 begann es zu regnen. 44 Tage, fast ohne Pause. Bäche und Flüsse traten über die Ufer. Das Wasser verwüstete Felder, wusch den Mutterboden weg und zerstörte

viele Gebäude. Die Leute in Virgin, die auf einer höher gelegenen Flussterrasse gebaut hatten, sahen Häuser und Möbel vorbeischwimmen.
Die Bewohner von Grafton gaben nicht auf, bauten neue Häuser, bestellten die Felder, pflanzten Obstbäume, Rebstöcke und Baumwollsträucher für den eigenen Bedarf und den Überschuss für das Militär.

DATE	NAME	AGE	CAUSE OF DEATH
January 18, 1866	John William York	10 years	Diphtheria
January 25, 1866	Asa Uriah York	3 years	Diphtheria
January 25, 1866	James Jasper York	5 years	Diphtheria
February 9, 1866	Frances Ann Field	7 years	Diphtheria (Daughter)
February 9, 1866	Sarah Ann Brook Field	37 years	Diphtheria (Mother)
February 1866	Sarah Ellen Field	5 years	Diphtheria (Daughter)
February 15, 1866	Loretta A. Russell	14 years	Accident—Swing Broke
February 15,1866	Elizabeth H. Woodbury	13 years	Accident—Swing Broke
April 2, 1866	Robert M. Berry (Brother of Joseph)	24 years	Killed by Indians
April 2, 1866	Isabella Hales Berry (Robert's Wife)	20 years	Killed by Indians
April 2, 1866	Joseph S. Berry (Brother of Robert)	22 years	Killed by Indians
August 4, 1866	George Judson Andrus	1 year	Scarlet Fever
September 1, 1866	Medora Andrus	6 months	Scarlet Fever
1866	Else Marie Bybee	45 years	Unknown

Krankheiten und der Kampf um knappe Ressourcen forderten ihre Opfer.

1866 wurde zu einem weiteren Katastrophenjahr. Innerhalb kürzester Zeit starben sechs Babys an Diphtherie und zwei an Scharlach. Hinzu kamen die Attacken der Paiute und Navajo. Denn die Siedler nutzten die knappen Ressourcen, die bislang den Indianern zum Leben dienten. Der Konflikt um Land und Ressourcen spitzten sich zu. Die Kugeln der Indianer fanden auch unter den Bewohnern von Grafton ihre Opfer. Auf dem Höhepunkt der Angriffe flüchteten die Siedler in das benachbarte Rockville. Grafton wurde eine Ghost Town. Nach dem Friedensschluss kehrten sie 1868 zurück und fingen von neuem an.
Die alljährlichen Hochwasser des Virgin River während der Schneeschmelze rissen immer wieder Häuser weg und verwüsteten Felder. Viele Siedler gaben auf. Sie zogen flussabwärts nach Hurricane. Um 1920 lebten nur noch drei Familien in Grafton. Die letzte verließ den Ort 1944. Viele Häuser verfielen oder wurden ausgeschlachtet.

Heute

Von den Siedlungen am Virgin River überlebte nur Grafton: Die 1868 gebaute Kirche, die auch als Schule diente, das Anwesen von Alonzo Russel und die Wohnhütte von Maria Russel. Sie wurden inzwischen restauriert. Grafton ist im *National Register of Historic Places* verzeichnet. Die Ghost Town mit den roten Sandsteinklippen im Hintergrund gab für mehrere Filme eine attraktive Kulisse. In den letzten Jahrzehnten haben Rentner unweit ein neues Grafton entstehen lassen.

Eine Jahrhundert-Katastrophe

John D. Lee, ein führendes Mitglied der Mormonenkirche, gründete 1854 Fort Harmony südlich von Cedar City. Es war eine Anlage von etwa 100 Meter im Geviert, umgeben von einer knapp drei Meter hohen Mauer aus Lehmziegeln.

Am Heiligen Abend 1861 setzte schwerer Regen ein. Ein heftiger Wind trieb die Wassertropfen Minigeschossen gleich gegen die Lehmwände. Am 1. Januar 1862 sanken die Temperaturen. Es begann zu schneien. Die Flocken bedeckten die Mauern mit weißen Hauben. Tage danach taute es. Erneut regnete es. Das Wasser sickerte in die schon aufgeweichten Lehmwände. Mauern verloren ihren Halt, kippten. Die ersten Häuser wurden unbewohnbar.

Der Regen fand kein Ende. Mitte Januar – ohne Aussicht auf besseres Wetter – verließen die ersten Familien die Siedlung. Nur Miss Lee blieb mit ihren Kindern. Ein Blizzard und stürmische Winde verwandelten die Häuser in Schlammhaufen, zerstörten den Ort vollends. Da gab auch Miss Lee auf. Als sie mit ihren Kindern flüchtete, kippte eine Mauer um und erschlug zwei Kinder.

In die Geschichte des Südwestens sind die fast sieben Wochen dauernden Regen und Stürme als ein Jahrhundertereignis eingegangen.

Info

Mormonen kolonialisieren Utah

Brigham Young beauftragte zugewanderte Glaubensbrüder und -schwestern, den Süden und Südwesten von Utah zu kolonisieren. Zwischen 1848 und 1900 gründeten sie an die 500 Siedlungen. Young gab ihnen zwei Aufträge: 1. Sie sollten alles anbauen, was sie für ihren Lebensunterhalt brauchten. Sie mussten sich selbst versorgen, denn es gab weit und breit keinen Einkaufsladen. 2. Sie sollten für ausreichend Nachwuchs sorgen.

Die meisten Siedler waren verheiratet und hatten Familie. Den Ledigen riet Brigham, sofort zu heiraten, denn in ihrer künftigen Heimat gab es weder ledige Frauen noch die Möglichkeit, sich trauen zu lassen. So fand kurz vor der Abreise in Salt Lake City eine Massenhochzeit statt. Manches Brautpaar kannte sich kaum, hatte sich erst auf dem Treck nach Salt Lake City kurz zuvor getroffen.

Sehenswertes in der Nähe

- **Zion Nationalpark** mit den Narrows

30 Ghost Towns à la Hollywood

Attraktion
Kulissen für preisgekrönte Hollywood-Filme

Wo: 1. Hwy 89 zwischen Kanab und Page zwischen MP 55/54 auf die Johnson Canyon Road (Hwy 136) einbiegen und dieser sechs Meilen bis zum Johnson Canyon Movie Site folgen. Die Zufahrt ist asphaltiert.
2. Der Old Paria Movie Site. Hwy 89 nahe MP 31 ist der Abzweig zum Movie Site. Die Zufahrt ist auf der letzten Meile nur mit einem geländegängigen Fahrzeug möglich. Infotafeln über Old Paria am Hwy 89.

Campen: In Kanab oder am Lake Powell. Freies Campen entlang Hwy 89 ist möglich.

Internet: Johnson Canyon Movie Set; Kanab UT; Old Paria Movie Set UT

Geschichte

Hollywood produzierte zahlreiche Wild West Filme und TV-Serien. Weltbekannt wurden „Lessie“, „Daniel Boone“ und „Gunsmoke“. Die Naturkulissen für die Außenaufnahmen lieferten das Monument Valley mit seinen turmartigen Buttes und die roten Sandsteinfelsen der Vermilion Cliffs in der Umgebung von Kanab.

Westernhelden
(Foto © Old Tucson Studios)

Die ersten Filme drehte Hollywood in Kanab bereits in den 1920ern. So „Buffalo Bill“, „Billy the Kid“, “Union Pacific” und “El Dorado”. Auch der “Planet der Affen” entstand teilweise in Kanab. Die Stadt erhielt den Beinamen “Utahs Little Hollywood“.

Heute

Die Reste des **Johnson Canyon Movie Site** sind von der Straße gut zu sehen und zu fotografieren. Entfernung 150 bis 200 Meter. Besonders die Tanzhalle, Miss Kitty´s Saloon (FF 21), die Arztpraxis und ein originales Pionierhaus lohnen ein Foto. Die Gebäude stehen auf privatem Grund. Zutritt ist mit Genehmigung des Besitzers erlaubt. Gebühr.

Der **Old Paria Movie Site** wurde 2006 von Vandalen abgebrannt. Einige Gebäude sollen wieder aufgebaut werden. Die Zufahrt führt in eine bizarre Felslandschaft.

Sehenswertes in der Nähe

- **Kanab mit Filmmuseum.** Wildwest-Tage finden alljährlich im August statt.
- **Corral Pink Sand Dunes** mit korallenroten Dünen.

31 Frisco

Ein Sheriff räumt auf

Attraktion
Fünf gut erhaltene Kohlemeiler.

Wo: Auf I-15 von Salt Lake City bis Ausfahrt 112 (Beaver). Auf Hwy 21 nach Milfort und Frisco. Zwischen MP 62/63 kurz vor dem Schild „Historical Marker“ nach Westen auf eine Staubstraße einbiegen und parken.
Campen: Rock Corral Recreation Area an der Westseite der Mineral Mountains

Internet: Frisco GhostTown UT; Rock Corral Recreation Area UT; Smockey Quartz Mineral Mountains

Geschichte

Frisco liegt ein wenig abseits der touristischen Hauptrouten. Seine Bergbaugeschichte beginnt 1875 als zwei Prospektoren am Fuße der San Francisco Mountains eine Silberader entdeckten. Sie steckten einen Claim ab und machten so ihren Anspruch geltend. Dann verkauften sie ihren Besitz für 25.000 Dollar und glaubten, das Geschäft ihres Lebens gemacht zu haben.

Der neue Besitzer förderte aus der Horn Silver Mine Erze mit hohem Silbergehalt. Er erlöste in wenigen Jahren Millionen. 1879 wechselte die Mine nochmals ihren Besitzer. Diesmal für fünf Millionen Dollar.

Die Horn Silver Mine wurde zum größten Silberproduzenten im Gebiet von Frisco. U.S. Mining Annual Review von 1879 beschrieb sie als „die reichste Silbermine in der Welt.” Bis 1885 förderten die Bergleute Gold, Silber, Zink, Kupfer und Blei im Wert von 60 Millionen Dollar. An die 6.000 Leute lebten zwischen 1880 und 1885 in Frisco.

Der Niedergang begann 1885. Die Nachtschicht fuhr gerade zu Tage. Da begann der Boden zu beben. Der Vorarbeiter hielt die neue Schicht zurück. Ein paar Minuten später brach die Mine mit einem ohrenbetäubenden Krachen ein. Der Einbruch verschüttete den Zugang zum Erzgang. Die Mine wurde geschlossen. Die Gesteinsmühlen und die Holzkohleöfen stellten ebenfalls die Arbeit ein. Der Großteil der Bergleute verlor von einem Tag zum andern die Arbeit. Ein neuer Schacht wurde angelegt. Er brachte nicht die erhoffte Wende. 1912 hatte Frisco nur noch 150 Einwohner und war wenige Jahre später gänzlich verlassen.

Spuren der Vergangenheit

Heute ist Frisco eine echte Ghost Town mit zahlreichen Bergbauspuren. Das Gelände ist in Privatbesitz. An zwei von vier Zufahrtswegen stehen „No Trespassing" Schilder. Nur die Kohlenmeiler – ca. 1,5 km von der Straße entfernt – und der Friedhof sind öffentlich zugänglich. Die Meiler wurden in das *National Register of Historic Places* aufgenommen. Wir fanden einen offenen Zugang zu den Meilern 0,3 Meile westlich des Passes kurz vor dem Schild „Historical Marker ahead".

Ein Sheriff räumt auf

Frisco hatte den Ruf, eine der gefährlichsten Bergbausiedlungen im Westen zu sein. Ein Geschichtsschreiber vermerkte: Nimm Tombstone, Dodge City und Sodom und Gomora in einem – das ist Frisco! Der Leichenwagen fuhr täglich durch die Stadt, um die Opfer von Gewalt zum Friedhof zu karren. Angeblich starben in einer Nacht 12 Bewohner an der bleihaltigen Luft. Doch Frisco bekam seinen Helden. Ein Sheriff wurde mit dem Auftrag angeheuert: „Clean up the town!" Am ersten Tage seiner Amtszeit ließ er jeden wissen: „Ich lassen kein Gefängnis bauen und werden keinen verhaften. Wer sich nicht an Gesetz und Ordnung hält hat zwei Möglichkeiten. Die Stadt noch heute zu verlassen oder ich erschieße ihn."

Nach der Legende verließen einige den Ort, andere nahmen die Drohung nicht ernst und blieben. Der Sheriff erschoss in einer Nacht sechs Gangster. Am nächsten Tag waren die anderen verschwunden.

Sehenswertes in der Nähe

- **Rock Corral Receation Area:** Von Hwy 21 zwischen MP 78/79 südlich Milford auf die Pass Road einbiegen und der Beschilderung folgen. Fotogene Felsgebilde und ein Paradies für Mineraliensammler (Rauchquarz). Die Zufahrt ist nicht asphaltiert (FF 18).
- **Cove Fort:** I-70 Ausfahrt 1 auf Hwy 161 eine Meile nach Norden. 1867 von Siedlern zum Schutz gegen Indianer errichtet. Es diente auch als Pony Express Stopp und Telegraphenstation. Cove Fort ist ein sehr gutes Beispiel für ein altes Siedlerfort. Teilweise restauriert. Täglich geführte Touren.
  Sulphurdale: Von I-70 Ausfahrt 1 auf Hwy 161 ca. 1,5 Meilen bis zur Sulpher Creek Rd. Vor über 150 Jahren wurde am Sulphur Creek Schwefel entdeckt und von 1890 bis 1947 und von 1961 bis 1970 bergbaulich gewonnen. Das Gelände ist nicht zugänglich, doch der größte Teil der ehemaligen Siedlung ist von außerhalb einsehbar.

32 Mammoth

Ein Kuhhandel macht Bergbaugeschichte

Attraktion
Historische Gebäude und Anlagen

Wo: Auf der I-15 von Salt Lake City nach Süden bis Ausfahrt 244 (Santaquin). Auf Hwy 6/50 nach Eureka in Richtung Delta zwischen MP 137/138 nach Mammoth abbiegen. Die Zufahrt ist asphaltiert.
Campen: NF Oak Creek Campground nahe Hwy 125 südöstlich von Delta. Die Zufahrt ist asphaltiert.

Internet: Mammoth Utah; Silver City UT

Geschichte

Das Tintic Valley wird für die erste Hälfte des 19. Jahrhunderts als paradiesischer Platz beschrieben. Die Bäche lieferten ausreichend Wasser. Das Gras gedieh üppig. Rehe und Antilopen, manchmal auch Büffel lieferten genügend Fleisch für die Ute Indianer mit ihrem Häuptling Tintic. Seine Krieger vertrieben die ersten Weißen, die ins Tal kamen. Doch sie kamen in immer größerer Zahl zurück.

Die Bergbaugeschichte von Mammoth beginnt 1871 als Charles Crismon und

Aus der Boomzeit

seine Freunde silberhaltiges Erz fanden. Doch das große Geld blieb aus. Es kam zwei Jahre später mit den Brüdern Sam und William McIntyre, zwei Cowboys, die eine Herde Texas Longhorn Rinder zum Verkauf nach Salt Lake City trieben. Sie suchten gutes Weideland, um das Vieh nach dem langen Marsch aufzufüttern, fett zu machen für den Verkauf.

Charles erzählte ihnen von seinem Claim und den Silberfunden. Es kam zwischen ihm und den McIntyre zu einen Kuhhandel im wahrsten Sinne des Wortes: Man tauschte Claimanteil und Herde. Charles trieb die Kühe auf den Mark in Salt Lake City. Sam und William investierten einiges Geld in die Mine, trieben den Schacht voran und stießen auf eine hochprozentige Silberader. Als sie abgebaut war und die weniger ergiebigen nicht mehr die Kosten einbrachten, schlossen die Minen und die Bergleute wanderten ab. Auch die Gebrüder McIntyre, die sich wieder als Cowboys verdingten.

Die Mammoth Mine förderte 75 Jahre Gold und Silber. In der Boomzeit zwischen 1900 und 1910 lebten 2500 bis 3000 Leute in der Siedlung. Danach begann der Abstieg.

Heute

ist Mammoth eine Semi Ghost Town. Die Dragon Mine ist noch aktiv, jedoch nicht zugänglich. „No Trespassing“ Schilder sind unbedingt zu beachten. Der kurze Abstecher lohnt für jene, die einen Eindruck von außergewöhnlichen amerikanischen Wohnverhältnissen im 21. Jahrhundert gewinnen wollen.

Sehenswertes in der Nähe

- **Silver City:** Die Zufahrt von Hwy 6 zwischen MP 135/136 ist asphaltiert. Silver City blieb ein kleiner Ort, in dem ein paar hundert Menschen versuchten zu überleben. I. E. Diehl schrieb über das Camp: „Die Eigentümer sind arm und die Männer, die für sie arbeiten, sind ärmer. Und im nächsten Jahr sind auch die Armen ärmer.“ Silver City, eine echte Ghost Town, liegt nur wenig südlich von Mammoth. Erhalten sind ein paar Fundamente des Schmelzofens.

- **Eureka an Hwy 6/50:** Um 1910 eine Stadt mit 3.400 Einwohner. Heute ist der Ort eine Semi Ghost Town mit 766 Einwohnern. Viele pendeln nach Provo, Toele oder Salt Lake City.

33 Bingham Canyon Copper Mine

Attraktion
Blick in den größten Kupfertagebau der Erde; informatives Besucherzentrum

Wo: Von der I-17 in Salt Lake City bis Ausfahrt 297; auf Hwy 48 (New Bringham Hwy) zur Mine. Die Zufahrt ist beschildert und asphaltiert. Gebühr je Auto.

Campen: NF Campingplatz im Little Cottonwood Canyon; RV Parks im Bereich von Salt Lake City

Internet: Bingham Canyon Copper Mine

Geschichte

Bingham Canyon um 1914 (Foto Utah State Historical Society, public domain)

Sie beginnt kurz nach der Ankunft der Mormonen. Schon 1848 entdeckten die Brüder Thomas und Sandford Bingham Gold. Sie befolgten jedoch die Order ihres Kirchenobersten Brigham Young, Getreide anzubauen statt noch Gold und Silber zu suchen (S. 97). 1863 erkundeten Soldaten den Canyon und entdeckten Blei. Der Canyon wurde Utahs erster Bergbaudistrikt. In den folgenden Jahren kamen zwar einige Dutzend Prospektoren ins Tal. Da es an Transportmöglichkeiten mangelte, blieb die Ausbeute bescheiden.

Verlademaschinen ersetzten ab den 1930ern viele Schaufeln.

Utah blieb für die Goldsucher nur ein Durchgangsland auf dem Weg zu den Goldfeldern in Kalifornien und Nevada. Das änderte sich 1869 als die erste transkontinentale Eisenbahn fertiggestellt war. Allerdings nur für Erze mit hohem Gold- und Silbergehalt, wie sie in Alta vor der Haustür von Salt Lake City abgebaut und per Bahn nach San Francisco und per Schiff um Kap Horn nach England transportiert wurden. Trotz der hohen Transportkosten floss ausreichend Geld in die Taschen der Gesellschafter.

Eine Wirtschaftsflaute und der Verfall des Silberpreises 1892/93 blieben nicht ohne Folgen für den Bingham Canyon. Glücklichweise fand man im Kupfer Ersatz. Der Erfolg kam 1903. Damals begann man, das kupferhaltige Gestein kostengünstiger über Tage abzubauen. Es war der erste Kupfer-Tagebau der Erde. Einwanderer aus allen Teilen der Erde strömten herbei, um Arbeit zu finden, um am „American Dream" teilzuhaben. An die 20.000 Leute wohnten in umliegenden Camps und Siedlungen. Zwei Drittel von ihnen waren Emigranten, vorwiegend aus Europa. Der „Hill" wurde im 20. Jahrhundert das größte und reichste „Kupferloch" der Erde – 1.200 Meter tief und vier Kilometer weit. Es wird von Jahr zu Jahr tiefer (FF 8). Von 1903 bis 2011 wurden über 18 Millionen Tonnen Kupfer gewonnen. Außerdem fielen große Mengen an Gold, Silber und Molybdän an.

Von Bingham mit ca. 15.000 Einwohnern, von den 30 Saloons und den anderen Einrichtungen gibt es keine Spuren mehr. Die letzten Gebäude mussten 1972 dem Abbau weichen.

Heute

Am Besucher-Ausblick öffnet sich der Tagebau in seiner ganzen Größe. Riesige Lastwagen – sie wirken auf die Entfernung wie Spielzeugautos – verladen das herausgesprengte Kupfererz. Sie transportieren bis zu 360 Tonnen zu einer Zerkleinerungsanlage. Hier werden die Felsbrocken auf Fußballgröße gebrochen. Die Mine beschäftigt rund 2400 Leute.

Der größte Kupfer-Tagebau der Erde 2011

Kupfer wurde 1996 zum Staatsmineral von Utah erklärt. Die Vorräte an abbaubaren Kupfererzen sollen in den nächsten Jahren zu Ende gehen. Der Abbau von molybdänhaltigen Gestein gewinnt zunehmend an Bedeutung.

Im Besucherzentrum zeigt ein Video alle Produktionsabläufe – vom Abbau des

Gesteins bis zum fertigen Barren mit 99,99 Prozent Kupfer. Zahlreiche Fotos und Karten belegen die Geschichte des Abbaus.
Offen: April bis Oktober täglich 8 bis 20 Uhr; Gebühr per Auto

„Wir können Gold und Silber nicht essen“
In den Jahren nach der Gründung von Salt Lake City schwoll der Zuzug an Glaubensbrüdern stark an. Es fehlte an Unterkünften, an Nahrungsmitteln und Holz zum Heizen und Kochen. In der weiten Ebene am Fuße der Berge wuchsen kaum Bäume. Die schon 1849 im Carbon County entdeckten Kohleflöze lagen für die damaligen Transportmittel zu entfernt. Für die Neuankömmlinge wurden Trecks zusammengestellt und mit Vieh, Saatgut und den notwendigen Geräten und Werkzeugen ausgerüstet. Die Wagenkolonnen wurden gezielt in verschiedene Teile des Landes ausgeschickt. So beauftrage Brigham Young schon 1848 kurz nach der Ankunft seine Glaubensbrüder Sanford und Thomas Bingham, einen südwestlich der Stadt gelegenen Canyon zu besiedeln und zu kultivieren. Die beiden rodeten den Talgrund, bestellten das Land, fütterten Schlachtvieh und lieferten Holz, Getreide und Fleisch in die Stadt. Eines Tages fanden sie Gold. Es dauerte nicht lange, bis Brigham davon erfuhr. Er schickte den beiden eine unmissverständliche Botschaft: Statt Gold zu suchen, hat jedermann Weizen, Mais, Gerste, Hafer und viel Gemüse anzubauen. Wir können Gold und Silber nicht essen!

Info

„This is the Place!“

Von Anbeginn wurden die Anhänger der Kirche Jesus Christus of Latter-Day Saints verfolgt. Auf der Suche nach religiösem Frieden und Freiheit zogen sie von Pennsylvenia, Ohio, Missouri, Illinois an den Great Salt Lake. Der Wagentreck mit 143 Männer, 3 Frauen und 2 Kindern erreichte 1847 unter Führung von Brigham Young den Eingang zu einem Canyon, der von den Wasatch Bergen hinabführte. Der Legende nach hat Brigham hier ausgerufen: „This is the place!“ Old Desert Pioneer Village – eine Ansammlung historischer Gebäude aus der Siedlungsperiode - erinnert an diesen Platz im Emigrant Canyon. Bemerkenswert die solide Bauweise. Die Siedler wollten bleiben. Es waren meist Bauern.
Im Buch der Mormonen steht das Wort „desert“ für Honigbiene und der Bienenkorb ist das Symbol des Fleißes. In ihrem Weltverständnis standen die Zuwanderer im krassen Gegensatz zu den Trends der Zeit, zu Vermassung und Industrialisierung. Sie waren tief religiös, mit einem ausgeprägten Sinn für Familie und Gemeinschaft. Rauchen und Alkoholtrinken galten als Laster. Fluchen und Schimpfen waren verpönt. Erlaubt dagegen war es, mit mehreren Frauen verheiratet zu sein – wenn man für sie sorgen konnte. So hatte Brigham Young 56 Frauen. Viele waren Witwen, denen er den Lebensunterhalt sicherte.

Sehenswertes in der Nähe

- **Salt Lake City** mit Tempelbezirk. Erlebenswert das mittägliche Konzert im Tabernakel auf der weltgrößten Orgel mit 11.623 Pfeifen.
- **Emigrant Canyon** mit dem „This Is the Place Heritage Park“ und Besucherzentrum. Offen: 9 bis 16 Uhr

34 The Golden Spike
Ein Nagel schreibt Geschichte

Attraktion
Zwei Dampfloks treffen sich in einer Wüstenlandschaft und Tausende feiern die erste transkontinentale Eisenbahn.

Wo: Auf der I-15 von Salt Lake City nach Norden bis Ausfahrt 368. Auf Hwy 83 zum Golden Spike National Historic Site. Die Zufahrt ist asphaltiert und beschildert.
Campen: Mehrere NF Campingplätze an Hwy 89 östlich von Brigham City

Internet: Promontory UT; Golden Spike *National Historic Site*

Geschichte
Promontory, ein Platz in einer wüstenähnlichen Landschaft, schrieb am 9. Mai 1869 Geschichte. An diesem Tag kamen die Präsidenten der Central Pacific und der Union Pacific Eisenbahngesellschaft und einige Hundert geladene Gäste, um mit dem Einschlagen des letzten Nagels (The Golden Spike) ein besonderes Ereignis zu feiern. In Promontory trafen sich die Eisenbahnschienen der beiden Gesellschaften. Von diesem Tag an gab es eine durchgehende Verbindung zwischen Atlantik und Pazifik. Die Dampflok „Jupiter“ und die „No 119“ waren festlich geschmückt. Der Telegraph morste die Botschaft vom letzten Nagelschlag in alle Welt (FF. 2).
In Promontory mussten die Passagiere umsteigen. Die Waren wurden umgeladen. Innerhalb von Tagen entstand in einer Wüste ohne Wasser eine Siedlung. Ihr hing der Ruf an, ein Ort übelster Sorte, eine „Hell Town“ zu sein. An der einzigen Straße, staubig und voller Dreck, reihten sich Saloons, Spielhallen, Hotels, Restaurants, Bordells und Banken. Spieler und Schlepper, Gangster und Prostituierte suchten und fanden ihre Opfer.
Es waren unerträglich Zustände. Auch für die Eisenbahngesellschaften. Sie verlegten deshalb den Umsteigebahnhof nach Ogden. Nur die Depots zur Versorgung der Züge und die Drehscheibe für die Loks blieben. Die Goldene Zeit für die Glücksritter war zu Ende. Das Aus kam, als die Gesellschaften ab 1903 eine verkürzte Strecke von Odgen über den Great Salt Lake nutzten. Die alte wurde nur noch in Notfällen befahren – wenn Stürme über den See tobten. Sie wurde 1942 wurde stillgelegt und die Schienen abgebaut.

Heute

ist Promontory ein *National Historic Site*, verwaltet vom *National Park Service*. Ein paar Hundert Meter Schienen wurden neu verlegt und zwei alte Loks herbeigeschafft und fahrfähig gemacht. Im Besucherzentrum wird die Geschichte mit Ausstellungsstücken lebendig.

Streckenbau 1869 (Foto © NPS)

Der 9. Mai wird alljährlich gefeiert. Auch an anderen Tagen stehen „Jupiter“ und „No 119“ unter Dampf. Fotogen herausgeputzt und gefahren von auskunftsfreudigen Lokführern. Der Einschlag des letzten Nagels wird simuliert. Ein Telegrafist morst – wie am 9. Mai 1869 – die Botschaft des letzten Nagelschlages in die ganze Welt. Es lohnt sich, an einem 9. Mai dabei zu sein. Zum hundersten Jahrestag kamen an die 30.000 Besucher.

Die ehemaligen Gebäude, die Saloons, Kasinos, Tanzsäle und die zahllosen Zelte stehen nicht mehr. Doch die alte Bahntrasse ist kilometerweit zu erkennen und kann teilweise begangen werden. Sie folgt aus dem Fels gesprengten Einschnitten und quert Täler. Die Brücken sind verschwunden.

Info

Die Eisenbahn erobert den Westen

Ein dichtes Netz von Eisenbahnlinien entstand in der ersten Hälfte des 19. Jahrhunderts zwischen der Atlantikküste und dem Mississippi. Weiter westlich gab es nur Trails – zu Wasser und zu Lande (s. Karte Umschlag innen vorn). In den frühen 1850ern erkundeten mehrere Expeditionen mögliche Eisenbahntrassen. Jede beschrieb ihre Route als die bestgeeignete. Das im Juli 1862 beschlossene Pacific Railroad Gesetz legte sich für die Strecke Omaha – Promontory – Sacramento fest.

Der Bürgerkrieg zwischen Nord und Süd (1861-1865) verzögerte den Bau. Am 9. Mai 1869 war es endlich soweit. Damals trafen sich nördlich des Great Salt Lake die Schienen der Central Pazific Railroad mit denen der Union Pacific. Passagiere konnten nun in vier Tagen von Küste zu Küste reisen. Über 30.500 Fahrgäste zählte die Bahn in den wenigen Monaten bis Ende 1869.

Die Kehrseite der Medaille: Schon während des Baus der Eisenbahnstrecke wurden Büffel in großer Zahl abgeschossen. Galt es doch, Fleisch für die Bahnarbeiter zu liefern. Mit der Eisenbahn kamen auch die Büffeljäger. Einer der bekanntesten war William F. Cody, bald Buffalo Bill genannt. Bis zu 100 Tiere erlegte ein einziger Jäger an einem Tag. Für manche war es ein Sport, Büffel vom Zug aus abzuschießen. In wenigen Jahren wurden Millionen Tiere getötet, der Büffel fast ausgerottet und den Plains-Indianern die Lebensgrundlage genommen

35 Im Schmelzwasser ertrunken

Attraktion
Ein Erdrutsch und seine Folgen.

Wo: An Hwy 6 zwischen Spanish Fork und Price bis Kreuzung Hwy 89 (bei MP 188). Auf Hwy 89 zwei Meilen bis MP 311,2
Campen: s. Scofield

Internet: Thistle Ghost Town UT

Thistle heute

Geschichte
In den 1880ern lebten in Thistle Farmer und Viehzüchter. Dann baute die Eisenbahn ein Terminal für Lokomotiven. Der Ort verwandelte sich in eine Eisenbahnsiedlung. Mit dem Beginn des Dieselzeitalters in den 1950ern verloren die Anlagen ihre Funktion. Die Arbeiter wanderten ab und ein langsames Sterben begann. Dann schlug die Natur zu. Im Herbst 1982 regnete es überdurchschnittlich. Der Boden saugte sich wie ein Schwamm voll mit Wasser, weichte ihn auf. Danach fielen große Mengen an Nassschnee. Mit dem Tauwetter im Frühjahr rutschten ganze Hänge ins Tal. Ein 300 Meter breiter Erdrutsch schüttete einen fast 30 Meter hohen Damm auf, staute das Schmelzwasser, das bis ½ Meter unter die Dammkrone stieg. Das, was von Thistle noch stand, versank im See.
Wie lang wird der Damm halten? Das fragten sich die Menschen in Spanish Fork. Ein Bruch würde verheerende Folgen für den Ort haben. Um die Gefahr zu bannen, senkten die Wasserbau-Ingenieure den Seespiegel allmählich ab.
Heute
Auf den amtlichen Straßenkarten von Utah ist am Abzweig Hwy 6/89 Thistle als bewohnter Ort eingezeichnet. Doch kein Wege- oder Ortsschild verweist auf die Siedlung. Thistle lebt nur noch auf der Karte.
An Hwy 89 bei MP 311,2 sind die Reste einer Hausfront und ein paar Grundmauern erhalten. Vom ehemalige See existieren bei MP 311 zwei Tümpel. Halb ertrunken ein Schuppen und ein Wohnhaus. Die Reste von Thistle, das nach dem Erdrutsch ein zweites Mal zur Ghost Town wurde – diesmal wohl für immer.

36 Scofield

Der Tod kam um 10 Uhr 28

Attraktion
Ruine des General Store; Info-Tafeln über die Winter Quarters Minen

Wo: Zwischen Spanish Fork und Price auf Hwy 96 einbiegen. Die Zufahrt zu den Winter Quarters Minen ist gesperrt.
Campen: NF Fish Creek Campground an der Westseite des Scofireld Reservoir mit 5 Plätzen. Nur für Zelter zu empfehlen. An Hwy 96/264 in Richtung Fairview der Flat Canyon Campground und mehrere Möglichkeiten zum freien Campen.

Internet: Scofield Mine Desaster; Winter Quarters Minen UT

Geschichte
Scofield wurde 1879 gegründet. Es entwickelte sich rasch zu einem Versorgungszentrum für mehrere Kohlenminen, darunter die Anlagen der Winter Quarters Mine. Sie galt als Utah´s reichstes Vorkommen. In der Boomzeit lebten hier rund 2500 Leute. In der Mine arbeiteten mehrere Hundert Bergleute. 199 starben am 1. Mai 1900 bei einem schweren Grubenunglück.

Opfer des Grubenunglücks auf dem Weg zum Friedhof (Foto wikimedia, public domain)

1928 schloss die Winter Quarters Mine. Viele Bewohner zogen in das benachbarte Scofield. Zwei Jahre später war der Ort weitgehend verlassen.

Heute
erinnern nur noch spärliche Reste an die Winter Quarters Mine. Das Gelände ist in Privatbesitz und nicht zugänglich. Die markante Ruine des Wasatch Store ist von der Straße mit einem Fernglas zu erkennen. Auch Scofield ist nur noch ein Schatten seiner einstigen Größe. Am südlichen Ortsausgang von Scofield informieren Tafeln über den Kohlebergbau und das Grubenunglück. Der Friedhof mit den verunglückten Bergleuten ist im *National Register of Historic Places* gelistet.

Gruben-Katastrophe am 1. Mai 1900

In einem Kohlebergwerk zu arbeiten, das war um 1900 eine gefährliche und schlecht bezahlte Arbeit. Oft mangelte es an den einfachsten Sicherheitsvorkehrungen. Trotz allem! Für viele Einwanderer bot ein Job im Bergwerk die Chance fürs Überleben.

Einer der Bergleute, so wird berichtet, beschwerte sich beim Vorarbeiter über die unsicheren Zustände in der Mine. „Halt den Mund oder verschwinde!“ – bekam er zur Antwort. Er ging und spielte am 1. Mai in Price in einer Band als ihn die Nachricht von dem Unglück und dem Tod seiner beiden Brüder erreichte.

Was geschah an diesem Tag?

Um 10 Uhr 28 erschütterte eine gewaltige Explosion Winter Quarters Schacht 4 verschüttete den Eingang. Eine Feuerstrahl raste durch die Tunnels, verbrannte Bergleute bis zur Unkenntlichkeit. Wer das Inferno überlebte, erstickte in einer giftigen Gaswolke.

Die Bilanz: 100 Tote durch die Explosion. 99 starben an den Folgen der erlittenen Rauchvergiftung. Unter ihnen 15 Kinder. Zurück blieben 107 Witwen und 270 vaterlose Kinder. Es war das bis dahin schwerste Bergwerksunglück im Lande. „Jedes Haus“, so schrieb eine Zeitung, „ ist ein Haus der Trauer“.

Hinter den nackten Zahlen stehen Familienschicksale. Die Luoma-Familie verlor sechs Söhne, einen Schwiegersohn und zwei Neffen. Die besondere Tragik: Die 70-Jahre alten Großeltern waren drei Monate vor dem Unglück aus Finnland eingewandert, um mit ihren Kinder und Enkeln zusammen zu sein.

Vier Wochen nach der Katastrophe arbeiteten die Kumpels wieder. Galt es doch, der Marine täglich 2.000 Tonnen Kohle zu liefern. Mancher Bergmann hatte sich nach dem Unglück geschworen, nie wieder in einer Kohlengruben zu arbeiten. Doch es gab kaum eine Alternative.

Info

Kinderarbeit in Kohlengruben

Kinderarbeit ist ein weltweit verbreitetes Phänomen. Zum einen verursacht durch materielle Armut der Familie, zum anderen durch Konsumwünsche in den Wohlstandsgesellschaften. Unicef schätzt, dass weltweit über 120 Millionen Kinder zwischen 5 und 14 Jahren ganztags arbeiten.

Bevor es Gesetze gegen Kinderarbeit gab, arbeiteten in den USA Kinder auch in Kohlebergwerken. In Scofield waren die jüngsten acht Jahre alt, die mit ihrem Vater in die Grube einfuhren. Als „Boney Pickers“ sortierten sie vor Ort die Gesteinsbrocken heraus, die beim Abbau der Kohle mit herausgesprengt wurden. In der Zwischenzeit konnten die Väter weiter Kohle abbauen. Denn die Bergleute wurden nach Anzahl der geförderten Kohleladungen ohne taubes Gestein bezahlt. Zeit war im wahrsten Sinne des Wortes Geld und jeder Pfennig zählte. Die Kinder erhielten in Scofield für ihre Arbeit keinen Lohn.

Bilder: Kinderbergleute und Kohletransport unter Tage
(Foto ©Western Mining & Railroad Museum Helper)

37 Kohlenfieber im Spring Canyon

Attraktion
Zahlreiche Reste aus der Zeit des Kohlebergbaus.

Wo: Vom Museum in Helper auf der Main Street nach Norden. Unter der Umgehungsstraße (Hwy 6) hindurch. Unmittelbar danach links in die Hill Street einbiegen. Nach ca. 0,2 Meile rechts in die Canyon Street und dieser in den Spring Canyon folgen. Die Zufahrt ist asphaltiert doch reich an Schlaglöchern. Nur Ghost Town Fans zu empfehlen.
Campen: Price Canyon Recreation Area von Hwy 6 nordwestlich von Castle Gate

Internet: www.wmrrm.org (Western Mining and Railroad Museum in Helper) helpermuseum@mail.helpercity.net

Geschichte

Carbon County! Kohle gab einem ganzen Landkreis den Namen. Die weißen Siedler fanden an vielen Stellen meterdicke Flöze. Der Abbau im Großen begann erst nach den Anschluss an das Eisenbahnnetz um 1900. Zahlreiche Siedlungen entstanden. So im Spring Canyon nahe Helper: Pearle, Standardville, Rains, Peerless, Nolen, Hale, Calton. Helper entwickelte sich zu einem wirtschaftlichen Mittelpunkt, in dem es mehr Bordelle als Kirchen gegeben haben soll. In den frühen 1950ern waren die Flöze abgebaut. Die Minen schlossen und die Bergleute wanderten ab. Die Siedlungen verfielen zu Ghost Towns.
Die Ölkrise 1973 löste auch im Spring Canyon einen zweiten kurzen Boom aus. Dabei gingen zahlreiche historische Gebäude und Anlagen verloren. Souvenirjäger halfen beim Zerstören. Inzwischen hat die Natur die ehemaligen Siedlungen mit meterhohem Sagebrush überwuchert. Helper, mit einst 6.500 Einwohnern, überlebte.

Zu Ehren der Bergleute

Heute

zählt Helper knapp 2000 Einwohner. Die Main Street atmet noch den Flair vergangener Zeiten. Sie ist als ein *National Historic District* registriert.
Kohle wird auch heute noch im Carbon County gefördert. Die Arbeit unter Tage ist nach wie vor ein gefährlicher Job – trotz modernster Technik. Züge – 80 bis

110 Wagen lang mit je 100 Tonnen Kohle beladen – transportieren das Schwarze Gold u. a. nach Price ins Kraftwerk.

Wer nach Helper kommt, sollte das Western Mining & Railroad Museum besuchen. Es erzählt die Geschichte der „Kohlenzeit“, der Eisenbahn und der Menschen, die aus vielen Ländern eingewandert waren. Noch heute leben im Carbon County 27 verschiedene Ethnien, vorwiegend Italiener, Griechen und Slowenen. Im Museum ist ein Raum der Geschichte der Gewerkschaften vorbehalten, ein anderer den Grubenunglücken.

Offen: Mitte Mai bis Mitte September montags bis samstags von 10 bis 17 Uhr. Die übrigen Monate dienstags bis samstags von 11 bis 16 Uhr. Spende willkommen.

Verladestation im Spring Canyon

Sehenswertes in der Nähe

- **Kenilworth Mine**, vier Meilen östlich von Helper, fördert seit 1906 ohne Unterbrechung. Kenilworth war nie eine Ghost Town. Vielleicht treffen Sie Ron Jewkes, der seit über 80 Jahren in Kenilworth wohnt und als Unofficial Major des Ortes gilt.
- **Price:** Prähistorisches Museum. Offen: April bis Sept. 9 bis 18 Uhr, sonst 9 bis 17
- **Cleveland** Lloyd Dinosaur Quarry, eine 147 Millionen Jahre alter Friedhof für Dinosaurier. Offen: Ende Mai bis Anfang September von 10 bis 17 Uhr, sonntags 12 bis 17. Sonst nur freitags bis sonntags.

38 Fruita

Ghost Town in einem Nationalpark

Attraktion
Historische Gebäude; Obstplantagen; mächtige Sandsteinkliffs

Wo: Hwy 24 zwischen Hanksville und Torrey.

Campen: Campingplatz im Capitol Reef NP

Internet: www.nps.gov/care

Obstplantage in der Oase Fruite

Geschichte

1886 siedelten Mormonen am Zusammenfluss von Freemont River und Sulphur Creek. Sie gründeten Junction (später in Fruita umbenannt), schufen ausgedehnte Bewässerungsanlagen und verwandelten die Talauen in eine grüne Oase mit fast dreitausend Obstbäumen: Kirschen, Aprikosen, Pfirsiche, Birnen und Äpfel, aber auch Walnuss- und Mandelbäume. Die Siedler säten Getreide, Bohnen, Erbsen, Squash, Salat, Radieschen, Sorghum und Wassermelonen und pflanzten Kartoffeln. Unter den Mormonensiedlungen im Südwesten von Utah war Fruita die entlegendste und einsamste. Nie mehr als 10 Familien lebten hier. 1910 waren es 19 Erwachsene und 42 Kinder.

Schulklasse um 1935 (Foto © NPS)

Fruita war ein Ort, der nicht in das übliche Wildwest-Klischee mit Schießereien, mit Saloons, Trinkgelagen und Prostitution, mit General Store und galoppierenden Kavalleristen auf der Jagd nach Indianern passte. Die Menschen, die in dieser Abgeschiedenheit ein Zuhause gefunden hatten, waren auf sich selbst angewiesen. Fast alles, was sie zum Leben brauchten, mussten sie anbauen und herstellten.

Bei den damaligen Wege- und Straßenverhältnissen lagen die potentiellen Absatzmärkte für leicht verderbliche Früchte und Erzeugnisse zu weit entfernt. Um das Einkommen zu verbessern, bot die Schwarzbrennerei ein Zubrot. Die Kirche erlaubt das Trinken von Alkohol nur für medizinische Zwecke. Doch Fruita lag außerhalb ihrer Kontrolle.

In einer Schwarzbrennerei arbeiteten zwei oder drei Männer. An einem abgelegenen Ort mit einer Quelle in der Nähe. Zum Destillieren wurde viel Wasser benötigt. Eine vielgenutzte „Whiskey-Quelle" entsprang unweit der Hickman Bridge. Sie wurde 1979 durch einen Erdrutsch verschüttet. In einem großen Alkoven jenseits des Fremont River bei der ehemaligen Krueger Plantage stehen noch die Reste eines Brennofens.

Schule, Kirche und Festsaal für Hochzeiten

Schwieriger als einen versteckten Ort für das Brennen zu finden war es, den Schwarzgebrannten an den Mann zu bringen. Die verrücktesten Geschichten sind darüber im Umlauf. So versteckte Oyler, einer der Schwarzbrenner in Fruita, die Flasche mit dem Selbstgebrauten unter seinem Overall. War ein Kunde gefunden, der Preis ausgehandelt und bezahlt, ging er einfach davon, ohne sich umzuschauen. Irgendwann rutschte die Flasche aus seinem Hosenbein und fand ihren Käufer.

Es gab eine Einraum-Schule, in der auch Gottesdienste und familiäre Feste stattfanden. Sie wurde 1896 gebaut und 1941 mangels Nachwuchses geschlossen. Die Zahl der Schüler war auf acht geschrumpft.

Heute

Das Capitol Reef National Monument wurde 1937 eingerichtet und 1971 zum Nationalpark erklärt. In den 50er und 60er kaufte der National Park Service alle Farmen auf und entfernte fast alle Gebäude. Seiner Ansicht nach gab es kaum wertvolle Bausubstanz. Erhalten blieb die Schule und das Wohnhaus der Familie Gifford. Es ist heute ein kleines Museum mit Gebrauchsgegenständen der Familie. Am Hwy 24, ca. 8 Kilometer östlich von Fruita steht das Wohnhaus der Familie Behunin von 1883. Hier lebte das Ehepaar mit zehn Kindern.

Fruita gleicht einer grünen Oase inmitten einer Steinwüste. Parkmitarbeiter betreuen die Obstplantagen. Zur Erntezeit darf jeder sich bedienen. Was sofort in den Mund gesteckt wird, ist kostenlos. Wer mehr erntet, wirft einen Dollar per Pfund in eine Box.

Mehrere Aussichtspunkte bieten fotogene Ausblicke auf die Oase Fruita.

Kindheitserinnerungen an Fruita

Ich war noch keine fünf als mich meine Mutter 1925 in Fruita “einschulte”. Ein Jahr zu früh. Doch Mutter hatte keinen Platz, mich unterzubringen: Vater war Schulleiter in Torrey, Mum unterrichtete alle Kinder in der aus Balken gezimmerten Einraum-Schule. Auch meinen Bruder Max, der mit sechs schon ein Zweitklässler war. Was sollte ich allein in unserer alten Blockhütte?

Es war Mums erste Stelle. Sie lehrte uns hauptsächlich schreiben, lesen und rechnen. Wir waren zwölf Jungen und Mädchen

zwischen 5 und 15 Jahre alt, von Klasse 1 bis 8. Für jeden Schüler hatte sie ein eigenes Unterrichtsprogramm. Eine Klasse hatte meistens nur einen oder zwei Schüler. Ich sehe Mum heute noch, wie sie morgens aus der Schultür trat und mit einer Handglocke das Zeichen zum Beginn des Unterrichts gab. Das Schuljahr begann im Herbst mit dem Abschluss der Ernte und dauerte bis zum Beginn der Feldarbeiten im Frühjahr.
Um unterrichten zu dürfen, besuchte sie einen Sommer lang die Universität von Utah in Salt Lake City. Max und ich mussten in dieser Zeit auf die Villmon Ranch zu den Großeltern. Es war ein langer, einsamer Sommer für uns. Wir vermissten Mum. Doch wie konnten wir zur Uni in Salt Lake City kommen, um sie zu besuchen? 100 Meilen weit entfernt!? Wir bastelten aus einem alten Heurechen ein Flugzeug. Wir waren sicher, damit zur Mama fliegen zu können. Doch es funktionierte nicht. Dann hatte Max die Idee, einem Schwein ein Lasso um den Hals zu binden und zur Stadt zu reiten. Wir kamen nicht weit.
Ich erinnere mich noch an die Abschiedsfeier in der Schule für unseren Cousin bevor er für zwei Jahre auf Mission ging. Aber auch an den Pfad hinter der alten Scheune zum Cohab Canyon. So genannt, weil sich hier die Männer versteckten, wenn die Polizei sie suchten, weil sie mit mehreren Frauen verheiratet waren[1].
(Nach Clay M. Robinson, The Echoes of Childhood in Old Fruita. Der vollständige Text kann im Internet nachgelesen werden.)

1) Nur mündlich überliefert. Der Canyon war als Versteck wenig geeignet. Es gibt dort weder einen wettergeschützten Platz noch konnten vom Feuer verursachte Schwärzungen nachgewiesen werden.

Sehenswertes in der Nähe

- **Giles Historic Town Site:** An Hwy 24 zwischen MP 198/109 östlich von Capitol Reef NP, bewohnt 1883-1919
- **Temple Mountain** mit zahlreichen Spuren des Uranbergbaus. Ein Eldorado für Entdecker. Zufahrt von Hwy 24 nördlich Hanksville auf die Temple Mountain Road, vorbei am besuchenswerten Goblin Valley.

Info

The Church of Jesus Christ of Latter-Day Saints

Joseph Smith j. hatte mit 14 eine Vision. Gott und Christus gaben ihm den Auftrag, sich von den bestehenden Kirchen loszusagen und Gottes wahre Kirche zu gründen.
1823 erschien ihm Gott wieder. Seine Botschaft: Nur drei Meilen von deinem Haus entfernt liegt das Buch der Mormonen vergraben. Auf goldenen Platten ist die Geschichte der ersten Besiedlung Amerikas beschrieben.
Der Engel Maroni führte Smith zu den versteckten Platten. Smith nahm die ca. 100 kg schweren Platten unter den Arm und rannte damit zu seinem Haus, bedroht von anderen Schatzsuchern, die ihren Anteil an dem Fund haben wollten. (Die Schatzsucher bildeten eine Zunft mit Gewinnbeteiligung, der Joseph und sein Vater angehörten.) Smith übersetzte mit Hilfe Gottes die Hieroglyphentexte. Danach kamen die ersten Einwanderer aus Israel. Sie segelten um 600 v. Chr. über den Atlantik und besiedelten Amerika. Alle Indianer sind Nachkommen dieser Einwanderer.
Smith veröffentlichte 1830 das Buch der Mormonen und verkaufte es für fünf Dollar als Bibel. Im gleichen Jahr gründete er „The Church of Jesus Christ of Latter-Day Saints“ und wurde ihr erster Präsident.

Er praktizierte als erster Mormone die Mehrehe. Bis zu seiner Ermordung 1844 ehelichte er 34 Frauen. Brigham Young, nach dem Tod von Smith der oberste Kirchenführer und erster Gouverneur von Utah, legalisierte Anfang der 50er die Polygamie als von Gott gegeben. Entgegen einer verbreiteten Annahme heirateten nur etwa 20 Prozent der Mormonen zwei oder mehrere Frauen. Es waren die Wohlhabenden – kirchliche Würdenträger und Geschäftsleute – die sich die zusätzlichen Kosten für Wohnung, Kleidung und Lebensunterhalt leisten konnten.
1882 verabschiedete der amerikanische Kongress ein Gesetz, das die Mehrehe verbot und unter Strafe stellte. Die Polizei verhaftete Polygamisten. Wer konnte, versteckte sich in einer abgelegenen Gegend. Für Fruita ist nur Calcon Pendelton als Polygamist mit zwei Frauen aktenkundig. (Nach Tanner, Sandra)

39 Sego

Bergleute kaufen ihre Kohlenmine

Attraktion
Reste von Gebäuden und Anlagen; ein anstehendes Kohlflöz; Kohlehalden; restaurierte Felsbilder der Freemont Kultur

Wo: I-70 zwischen Green River (UT) und Grand Junction (CO) Ausfahrt 185 (Thompson Springs). 2,5 Meilen auf der asphaltierten durch den Ort bis zu den Felsmalereien. Danach auf einer gut befahrbaren Staubstraße 0,4 Meile bis zum zweiten Abzweig nach rechts (FR 16). Von den Felsbildern bis zur Sego Ghost Town 1,5 Meile.
Campen: Freies Campen am Ende der asphaltierten Straße und canyon aufwärts unter einer mächtigen Pappel ca. 300 Meter vor der Ghost Town.

Internet: Sego Ghost Town UT

Geschichte

Der Südosten von Utah, das ist meist wasserarmes Land. Nur vom Colorado und Green River durchflossen. Da und dort spenden Quellen Wasser. So auch in einem engen Canyon am Fuße des Book Cliff. Das Wasser reichte für die kleine Siedlung Thompson Springs, deren Bewohner Schafe und Rinder aufzogen.

Die betriebseigene Pension, ehe ein Sturm sie 2010 zerstörte.

In den 1890ern entdeckte Harry Ballard im Sego Canyon unweit einer Quelle eine Kohle von ausgezeichneter Qualität, freiliegend und leicht abbaubar. Harry heuerte einige Leute an. Sie arbeiteten anfangs mit Hacke und Schaufel und verkauften die Kohle nach Thompson, aber auch nach Moab. Nach dem Bau einer acht Kilometer langen Stichbahn von der Rio Grande Western Railroad zu der Kohlengrube begann 1912 der Abbau mit modernem Gerät.

Noch steht die letzte Eisenbahnbrücke.

Segos großes Problem war von Beginn an der Mangel an Wasser zum Waschen der Kohle. Der hohe Verbrauch senkte den Wasserspiegel, Bäche und Quellen versiegten. Die Waschanlage konnte zeitweise nicht arbeiten, die geförderte Kohle nicht verkauft werden. Hochwasser zerstörten öfters Brücken und Dämme. Die Kosten für Förderung und Unterhalt der Anlagen überstiegen häufig die Einnahmen. Immer wieder fehlte Geld für die Löhne.

Über 120 Bergleute arbeiteten in Spitzenzeiten im Kohlebergbau. Die Junggesellen lebten in einer gesellschaftseigenen Pension, die Verheirateten mit ihrer Familien in eigenen Häusern. 1927 arbeiteten nur noch 27 Bergleute in der Mine. Kurz nach dem Zweiten Weltkrieg sollte die Mine geschlossen werden. Da ergriffen die verbliebenen Arbeiter die Initiative. Walter Ronzio war einer von ihnen. Sego Canyon und Kohle, das war sein Leben und das der Familie. Er rief die Männer zusammen. Was konnten sie tun, um das Ende zu verhindern? Sie beschlossen, die Mine in eine Aktiengesellschaft umzuwandeln, die Aktien zu versteigern und selbst zu kaufen. Wer nicht genug Bares besaß, akzeptierte einen Abschlag vom Lohn. Die Versteigerung erbrachte 18.000 Dollar. Zwei Banken gaben Darlehen. Für 30.010 Dollar ging alles – das Camp, die Gebäude, die Ausrüstung mit allen bergbaulichen Rechten an die neu gegründete Grand Utah Coal Company. Die Kumpels wählten Walter zum Hauptgeschäftsführer.

Vom Kaufhaus stehen nur noch die Außenmauern.

Was die meisten anfangs für unmöglich gehalten hatten, glückte. Den größten Teil der geförderten Kohle nahm die Eisenbahn für die Loks ab. Innerhalb eines Jahres waren die Bankkredite zurückgezahlt, die Gesellschaft saniert.

Doch dann jagte ein Schicksalsschlag den anderen. Am 1. Juli 1947 zerstörte ein Feuer Teile der Anlage. Die Förderung stoppte und mit ihr brachen die Einnahmen ein. Der nächste Schlag: Die Eisenbahn legte die Stichbahn zur Mine still. Zusätzliche Ausgaben für eigene Fahrzeuge und den Transport fielen an. Wieder gelang das Wunder. Die Gesellschaft erreichte schwarze Zahlen. 1955 kam ein weiterer Tiefschlag: Die Eisenbahngesellschaft stellte auf Dieselloks um, brauchte keine Kohle mehr. Das war das Ende. Die Grand Utah Coal Company wurde zahlungsunfähig und musste schließen. Es gab weit und breit keine Arbeit. Wer konnte, zog weg. Sego verfiel.

Heute

Noch sind Reste erhalten. Doch sie schwinden von Jahr zu Jahr. So brachte im Frühjahr 2010 ein orkanartiger Sturm die betriebseigene Pension zum Einsturz. Doch es lohnt, im Sego Canyon auf Entdeckungen zu gehen (FF 13).

Von der Ghost Town auf der Straße ca. 500 Meter aufwärts. An der rechten Talseite (Osten) sind mehrere dunkle Abraumhalden und ein kleiner Seitencanyon zu erkennen. Suchen Sie den Schotterweg, der zwischen Sagebüschen und Tamarisken ein kurzes Stück steil aufwärts geht. Überall finden sich Spuren des ehemaligen Bergbaus: verrostete Drahtseile und Eisenrohre, Geräteteile, Balken, Eisenbahnschwellen, Fundamente. Mehrere Kohlenhalden verführen zum Schliddern. Gehen Sie ein Stück in das kleine Seitental hinein. Ein schmales anstehendes Kohlenflöz ist nicht zu übersehen. Nehmen Sie einen Plastikbeutel mit, um abends ein Kohle-Feuer zu zünden (FF 10).

Gehen Sie mit Ihren Kindern auf eine Zeitreise. Erzählen Sie ihnen, dass Sego vor 200 Millionen Jahre am Äquator lag und tropische Regenwäldern das Land bedeckten. Die Bäume versanken in Sümpfen, wurden von Sedimenten zugedeckt. Unter Luftabschluss verwandelte sich das Holz in Kohle. Wie einst im heutigen Ruhrgebiet. Im Zuge der Kontinentalverschiebung driftete die Erdscholle an ihren heutigen Platz.

Zahltag in Sego

Walter Ronzio war 14 Jahre alt, als er in den Sego zu arbeiten begann. Sein Bericht „Zahltag in Sego" gibt interessante Einblicke in die damaligen Lebens- und Arbeitsbedingungen: 1916 erhielt die Gesellschaft einen neuen Chef und einen neuen Namen. Wir Bergleute merkten kaum etwas von dem Wechsel. Nach wie vor bekamen wir unseren Lohn wochen-, manchmal monatelang später. Im April 1915 schuldete uns die Gesellschaft 5 Monatslöhne. War endlich ein Zahltag angesagt, stellten wir uns in einer langen Schlange vor dem

Büro auf. Jeder hoffte, wenigstens einen Teil des ausstehenden Geldes zu bekommen. Meistens erhielten es nur die Männer, die vorn standen, etwa das erste Drittel. Der Büroangestellte beendete dann die Auszahlung mit einem „Sorry, no more money“ und schloss das Bürofenster. Die anderen erhielten einen Warengutschein. Damit konnten sie im werkseigenen Laden einkaufen. Wer dringend Bares brauchte, suchte jemand, der ihm für einen 5-Dollar-Gutschein vielleicht drei Dollar gab.

Sehenswertes in der Nähe

- Felsmalereien der Freemont Kultur zwischen Thompson Springs und Sego Ghost Town.

40 Cisco

Ghost Town und Schrottplatz

Attraktion
Eine Ghost Town der Neuzeit.

Wo: Wer auf der I-70 zwischen Green River und Colorado Junction unterwegs ist und auf Hwy 128 nach Moab will, fährt fast an Cisco vorbei. I-70 Ausfahrt 204

Campen: Mehrere Campingplätze an Hwy 128 entlang des Colorado River

Internet: Cisco Ghost Town

Das Postamt in Cisco bedient schon lange keine Kunden mehr.

Geschichte

Cisco diente für viele Jahre der Eisenbahn als Haltestation, um die Dampfloks mit Wasser zu versorgen. In der Zwischenzeit konnten sich die Passagiere in einem Saloon verköstigen. Es gab nur ein paar Häuser und Bewohner. Revolverhelden und Gangster nutzten eine Zeitlang den Ort als Ausweichquartier.

Das Ende von Cisco kam mit dem Ende der Dampflokzeit in der Mitte des vergangenen Jahrhunderts. Die Station wurde überflüssig. Die Züge hielten nicht mehr. Die wenigen Bewohner verließen den Ort. Der leichte Zugang ermöglichte Sammlern eine schnelle Beute. Die Natur tat ihr Übriges. Cisco verfiel.

1925 wurde in der Nähe Öl und Gas gefunden. Seitdem pumpen die Förderanlagen und heben die begehrten Rohstoffe aus der Tiefe.

Heute

gleicht Cisco einem Schrottplatz mit verfallenen Häusern und Hütten. Das Postamt, ein Leckerbissen für Fotofans und der noch einigermaßen standfeste Einkaufsladen sind letzte Zeugnisse einstiger Größe. Zwei Fernsehantennen lassen Leben in der Ghost Town vermuten. Ein paar Gebäude dienen dem zeitweise anwesenden Betreuungspersonal der Gasförderanlagen als Unterkunft. Verstreut über das Gelände stehen ausrangierte Fahrzeuge der Nachkriegszeit – Zivilisationsmüll des 20.Jahrhunderts.

Einst Wohnhäuser der Bahnarbeiter

Man muss nicht extra nach Cisco fahren. Wer jedoch auf der I-70 zwischen Grand Junction und Green River unterwegs ist, sollte sich die Kombination von Ghost Town und Schrottplatz nicht entgehen lassen.

Sehenswertes in der Nähe

- **Fishers Tower** am Hwy 128.
  Eine spektakuläre Felslandschaft. Sie diente als Kulisse für „Goldmember“, eine Parodie auf den James Bond Film „Goldfinger“.
- **Thompson Springs:** Freemont Felsbilder
- **Arches Nationalpark** mit vielen Steinbogen

41 Moab

Einst Uranium City

Attraktion
Verwischte Spuren des Uranbergbaus; Charles Steens ehemalige Villa

Wo: In Moab und am Nordufer des Colorado River

Campen: Mehrere BLM-Campingplätze am Colorado River; private Plätze in Moab
Internet: Moab Uranium City; Charles Steen Mi Vida Mine; Moab Uranium Mill Tailings; Moab UMTRA Project

Geschichte

Moab wurde 1878 von Mormonen an einer Furt über den Colorado gegründet und in eine grüne Oase verwandelt. Uran, Vanadium und Pottasche wurden bereits vor knapp 100 Jahren entdeckt, abgebaut und Uran nach Frankreich zu Madam Curie verschickt. Nach dem Ersten Weltkrieg lieferten afrikanische Minen billiger; die Camps verfielen. 1952 fand Charles Steen ein hochangereichertes Uranvorkommen. Die Einwohnerzahl stieg in wenigen Jahren von rund 1000 auf über 5000. Am Ufer des Colorado nördlich der Stadt entstand eine Anlage zur Urananreicherung. Eine mächtige Abfallhalde und ein bunter Farben schillernder Teich prägten für Jahre das Landschaftsbild (FF 27). 1962 endete der Uran-Boom. Die Camps verfielen, Moab versank in Armut. In den 1980ern entdeckten die Gebrüder Groff den griffigen Sandstein für die Radfahrer. Sie machten Mob zur Welthauptstadt der Biker.

Heute

Wer heute nach Moab kommt, findet kaum noch Spuren des Uranbergbaus. Charles Steens Villa dient als Restaurant. In der Main Street erinnert nur noch das Schild „Uranium Cafe" an den Bergbauboom. Die Anlagen zur Anreicherung des Urans am Nordufer des Colorado sind abgerissen, das Gelände eingeebnet. Da Sickerwasser aus dem Abraum den Colorado bedrohen, werden im Auftrag der amerikanischen Umweltbehörde (EPA) die Altlasten beseitigt. Über drei Millionen Tonnen radioaktive Abfälle wurden bis Ende 2011 abtransportiert. Die Arbeiten sollen bis 2025 beendet sein. Voraussichtliche Kosten für den Steuerzahler: Eine Milliarde Dollar.

Der Portal Overlook bietet einen beeindruckenden Ausblick auf die grüne Oase Mob und das Sanierungsgebiet.

Info

Der Kalte Krieg

Mit der Explosion der ersten Atombombe im Frühjahr 1945 begann das Atomzeitalter. Wenige Jahre später lieferten sich die USA und die Sowjetunion mit atomaren Waffen ein weltbedrohendes Wettrüsten. Uran wurde zum begehrten Rohstoff. Die amerikanische Regierung garantierte einen festgesetzten Abnahmepreis.

Das Uranfieber erfasste Tausende. Mit einem Geigerzähler zogen sie in uranverdächtige Gebiete. Unter ihnen Charles Steen, ein Geologe und Bergbauingenieur. Er entdeckte 1952 nahe Moab ein hochangereichertes Vorkommen. Er nannte es Mi Vida – mein Leben. Es machte ihn zum Millionär und Moab zur Welthauptstadt des Urans. Der Fund löste einen Boom aus – ähnlich wie 100 Jahre zuvor die Goldfunde in Kalifornien.

Billy the Kid in Aktion (nach einem Gemälde)

NEW MEXICO

42 Shakespeare

Wir sind das Gesetz!

Attraktion
Im ursprünglichem Zustand erhaltene Ghost Town.

Raststätte für Reisende

Wo: Auf der I-10 bis Lordsburg, Ausfahrt 22.
In Lordsburg auf Hwy 494 knapp zwei Meilen nach Süden. Unmittelbar vor dem Friedhof ist rechts ein markierter, nicht asphaltierter Abzweig. Ca. ¾ Meile bis zur Ghost Town. Shakespeare ist in Privatbesitz. Tel. Anmeldung erforderlich: (575) 542-9034

Campen: KOA RV-Park in Lorsburg

Internet: Shakespeare Ghost Town NM

Geschichte

Eine ergiebige Quelle war – wie an vielen Orten – der begehrte Rastplatz für Indianer, für Spanier und später für Prospektoren und Glücksritter auf dem Weg nach Kalifornien. 1856 ließ sich die Armee häuslich nieder. Das 1870 entdeckte Silbervorkommen warf nur kurze Zeit Profit ab. Wenige Jahre danach ein zweiter Boom, der ebenfalls nicht lange dauerte. Die Eisenbahn wurde fünf Kilometer nördlich vorbeigeführt. Die Geschäfte wanderten nach Lordburg ab. Als die USA die Goldwährung einführte, brach der Silbermarkt zusammen. Das war das Ende für Shakespeare.

Die abgelegene Lage übte einen besonderen Reiz auf „Gesetzlose" aus, die mal eine Auszeit brauchten und sich in Shakespeare sicher fühlten. Dazu jene, die nur ihren Durst löschen wollten. Billy the Kid arbeitete als Tellerwäscher im Grand Hotel bevor er nach Lincoln umzog (S. 123). Auch die Clantons waren zu Gast, ehe einige aus ihrer Zunft nach der Schießerei in Tombstone auf dem Friedhof landeten (S. 17). Für Sandy King und William Tattenbaum wurde Shakespeare zur Endstation ihres Lebens.

Im Loboratorium ist alles vorhanden, um den Metallgehalt zu bestimmen.

Heute

wohnt nur noch Manny, der Eigentümer, in Shakespeare. Fast alles blieb im ursprünglichen Zustand. So auch das Laboratorium. Hier bestimmte ein Prüfer den Metallgehalt der angelieferten Gesteinsproben. Alles, was er dazu brauchte, ist ausgestellt: Ein schwerer Hammer zum Pulverisieren des Gesteins. Der Ofen, in dem das Pulver, zuvor mit Wasser und Quecksilber vermischt, erhitzt wurde. Die Waage, mit der das Pulver vor und nach der Behandlung gewogen und aus der Differenz der Metallgehalt errechnet wurde.

Einige baufällige Gebäude wurden stabilisiert. Dem Besucher soll nicht das Dach auf dem Kopf fallen. Das 2008 erbaute Besucherzentrum ähnelt mit seinen Ausstellungen teilweise einem Familienalbum.

Viermal im Jahr finden spezielle Veranstaltungen statt. Ein Schmied zeigt seine handwerklichen Fertigkeiten. Ein Revolverheld spielt mit dem Colt à la Hollywood. An die 1000 Leute besuchen jährlich die Ghost Town. Die Einnahmen decken nicht die Unkosten. Spenden schließen einige Lücken.

Manny sucht einen gemeinnützigen Träger für das Gelände. Er will es kostenlos übereignen mit der Auflage, Shakespeare für die Öffentlichkeit offen zu halten.

Zeittafel

- ⇨ Vor 1856: An der Mexican Spring versorgten sich Indianer, Spanier und Wagentrecks auf dem Weg nach Kalifornien mit Wasser.
- ⇨ 1856-61 und 1865-70: Station der Butterfield Overland Mail Line. Der Dienst wurde während des Bürgerkriegs eingestellt.
- ⇨ 1870-73: Entdeckung Abbau von Silbererzen. Das Silberfieber brachte Hunderte vor Ort, die bald wieder abzogen.
- ⇨ 1879-93: Zweiter Silberboom bis zum Verfall des Preises. Die Zahl der Bewohner stieg auf rund 3.000 an.
- ⇨ 1907-32: Bergleute, die in einer nahe gelegenen Mine Kupfer abbauten, wohnten in Shakespeare. Nach Stilllegung der Mine verließen sie den Ort.
- ⇨ 1935: Frank und Rita Hill kauften das Gelände als Rinderranch und nutzten einzelne Gebäude für persönliche, berufliche und touristische Zwecke.

Wir sind das Gesetz!
Sandy King und William Tattenbaum – letzterer als „Russian Bill“ bekannt – sind in die Geschichte des Wilden Westens eingegangen. Beiden bekam die Luft in Shakespeare gar nicht. Der eine geriet in Streit mit dem Manager des Grand House und schoss ihm dem Zeigefinger ab. Ein zufällig amtierender Sheriff sperrte Sandy ein. Der andere, ein Pferdedieb, bewohnte bereits das lokale Gefängnis. Einige Männer von Shakespeare zweifelten, ob die beiden verurteilt würden. Sie nahmen das Gesetz in ihre Hände und machten kurzen Prozess mit Sandy und Bill. Sie holten sie nachts aus dem Gefängnis und hängten sie im Grand House im Speisesaal an einem Balken auf. Dort hingen Sandy und Bill als am Morgen die Postkutsche der Butterfield Overland Mail Line eintraf und die Fahrgäste zum Frühstück kamen. Zwei Seilschlaufen baumeln noch heute von der Decke. Nicht mehr die echten. Eine ist so klein, dass sie nicht über einen Kindskopf gezogen werden könnte. Doch fotogen.
Auch das Stratfort Hotel hat seine blutige Geschichte. Im Gastraum kam es 1879 zu einem Streit zwischen Ross Woods, dem Sohn der Eigentümerin und Belly Smith. Beiden konnten sich gegenseitig nicht ausstehen. Belly hatte wohl einen triftigen Grund, denn Ross wurde ein Verhältnis mit Belly´s Frau nachgesagt. Belly beschwerte sich mit beleidigenden Worten über die Qualität des Essens, das ihm Ross serviert hatte. Ross ging in den ersten Stock, holte sein Gewehr und schoss – vorbei. Belly dagegen traf und schickte Ross auf seine letzte Reise.

Sehenswertes in der Nähe

- **Chiricahua *National Monument*** mit bizarren Felsgebilden.

43 Pinos Altos

Apachenhäuptling Red Sleeves

Attraktion
Gut erhaltene historische Gebäude

Wo: Auf Hwy 15 sieben Meilen nördlich von Silver City. Wer auf Hwy 15 zum Gila Monument mit seinen Indianerruinen und heißen Quellen fährt, passiert Pinos Altos auf einer Umgehungsstraße.

Campen: Mehrere NF Campingplätze entlang Hwy 15 und gute Plätze für freies Campen.

Internet: Pinos Altos NM; Mangas Colorados (engl. Red Sleeves); Three-Finger-Birch

Opernhaus in Pinos Altos

Geschichte

Erst 1853 kauften die Amerikaner New Mexico von Mexiko. Zahllose Menschen passierten das Gebiet auf dem Weg ins Goldland Kalifornien. Der Santa Fe Trail war damals eine Hauptroute. 1860 fand Three-Fingered Birch mit zwei Freunden im Bear Creek Gold. Wenige Monate später standen mehrere hundert Männer im eiskalten Wasser. Noch im gleichen Jahr fanden sie eine reiche Goldader. Birchville, später in Palos Altos umbenannt, war geboren. Bis Ende des 19. Jahrhunderts dauerte der Boom. Dann waren die Goldvorkommen erschöpft und die Bewohner nach Silver City abgewandert.

Heute

Die Hauptstraße von Pinos Altos ähnelt einer Hollywood Filmkulisse. Die historische Bausubstanz ist gekonnt restauriert. Die Frontseite des Opernhauses zeugt von ehemaligem Reichtum. Der Buckhorn Saloon bietet Speisen, Getränke und Unterhaltung. Im Museum, einem in den 1860ern als Schulhaus gebauten Blockhaus, ist eine große Anzahl von Erinnerungsstücken ausgestellt. Pinos Altos ist keine Ghost Town mehr. An die 300 Leute wohnen im Ort.

Apachen gegen Bergleute

Die Bewohner von Pinos Altos hatten ein Problem. Mehrfach wurden Bergleute von Apachen überfallen. Denn Pinos Altos lag inmitten des Jagdgebietes, das die Indianer seit Generationen nutzten. Die Goldsucher wurden zu Nahrungskonkurrenten. Wie konnten man die Männer loswerden, mögen die Indianer sich gefragt haben?

Eines Tages ritt Red Sleeves – Häuptling einer Apachen-Band – ins Camp der Goldsucher. Er wollte die Männer zum Verlassen des Gebietes bewegen. Sein Angebot: „Ich zeige euch im Süden ein reiches Goldvorkommen.“ War das eine List? Wollte der Indianer sie nur weglocken? Gab es das reiche Goldvorkommen wirklich? Wie auch immer. Die Männer ergriffen Red Sleeves und peitschten ihn aus dem Camp. Er konnte von Glück reden. Denn das Leben eines Indianers zählte damals nicht viel.

Indianer im Kampf gegen Bergleute und Siedler

Red Sleeves schwor Rache. Am 22. September 1861 griffen seine Männer und die Krieger

von Häuptling Cochise das Camp an. Doch die Bergleute waren vorbereitet. Die Bilanz: 15 Apachen und 3 Bergleute starben, 7 Bergleute wurden verwundet. Red Sleeves, von einer Kugel in die Brust getroffen, überlebte.
Anfang 1863 kam ein Unterhändler zu Red Sleeves. Seine Botschaft: Die US-Armee unter General West wolle mit ihm Friedensverhandlungen aufnehmen. Er erklärte sich bereit, zu den Amerikanern zu gehen. Auf dem Weg zum Fort nahmen Soldaten den Häuptling gefangen. Im Militärcamp gab der General den Befehl, ihn zu töten. Die Soldaten versengten Red Sleeves zuerst mit erhitzten Bajonetten die Füße. Dann erschossen und enthaupteten sie ihn. Im Militärbericht hieß es: Bei einem Fluchtversuch getötet.

Sehenswertes in der Nähe

- **Gila** ***National Monument*** mit Kliff Häusern prähistorischer Indianer und mehreren heißen Quellen.

44 Mogollon und Little Funny Mine

Attraktion
Zahlreiche Bergbauspuren

Wo: Von Silver City auf Hwy 180 nach Norden bis NM Hwy 159 (Bursum Road). Auf dieser rechts (Osten) neun Meilen nach Mogollon mit Ausblick auf die mächtigen Halden der Little Fanny Mine. Die Zufahrt ist asphaltiert. Die letzten fünf Meilen sind kurvenreich und schmal.
Campen: 1. Am Ortsrand von Glenwood an Hwy 180 ist ein gebührenfreier NF Campingplatz. 2. Gegenüber dem Abzweig von Hwy 159 führt eine nicht asphaltierte Straße zu guten Plätzen für freies Campen.

Internet: Mogollon NM; Alma Massaker; Cooney NM

Geschichte

Sie begann, als der U.S. Armee-Sergeant James Cooney auf einem Erkundungsritt 1870 in der Nähe des später errichteten Bergbaucamps Mogollon ein reiches Gold- und Silbervorkommen entdeckte. James behielt seine Entdeckung für sich und kehrte nach Ende seiner Dienstzeit 1876 mit ein paar Freunden an den Fundort zurück. Sie wurden jedoch von Apachen vertrieben.

James gab nicht auf. Zwei Jahre später war er wieder vor Ort. Die Probleme mit

Little Fanny Mine mit der großen Abraumhalde

den Indianen eskalierten, als die Bergleute den Schwiegersohn der großen Häuptlings Victorio töteten. James wusste, dass sich die Indianer rächen würden.

Um 1880 waren die Apachen besonders aktiv. Das „Alma Massaker" ging als ein besonders blutiger Tag in die Geschichte des Westens ein. Die Indianer unter Führung von Chief Victorio töteten 35 Schäfer sowie James und mehrere Goldsucher.

Trotz anhaltender Überfälle kamen mehr und mehr Prospektoren. Unter ihnen James Bruder. Er errichtete ihm ein Denkmal aus großen silberhaltigen Gesteinblöcken aus Cooneys Mine.

Um die Jahrhundertwende waren in Mogollon mehrere Minen in Betrieb. Unter ihnen Little Fanny, die größte, ertragreichste und gleichzeitig die staubigste. Viele Bergleute erkrankten und starben an Staublunge.

An die 2000 Leute lebten Anfang des 20. Jahrhunderts in Mogollon. Fünf Saloons, 2 Restaurants, 2 Hotels, 4 Kaufhäuser, mehrere Einzelhandelsgeschäfte, eine Bäckerei, ein Krankenhaus mit 3 Ärzten, ein Photograph und ein Theater standen den Einwohnern zur Verfügung. Zwei Rotlichtviertel – das eine mit weißen, das andere mit spanischen Fräuleins – boten ihre Dienste an. Der Abbau von Silbererzen stoppte erst nach dem Zweiten Weltkrieg. Die Bewohner wanderten ab. Mogollon wurde eine Ghost Town. Den Saloon und den General Store baute Hollywood 1973. Er diente als Kulisse für den Film „My Name is Nobody". Mogollon ist im *National Register of Historic Places* gelistet.

Im Mogollon Theater liefen die ersten Stummfilme, einer auch über Billy the Kid, begleitet von einem Musiker am Piano.

Heute

In den letzten Jahren kam neues Leben zurück, insbesondere an Wochenenden zwischen Mai und September. Das Purple Onion Café serviert hausgemachten Obstkuchen. Ein Tischler und Holzschnitzer fertigt kunstvolle Möbel und

Souvenirs. Ein Hotel bietet Unterkunft und Verpflegung. Zahlreiche restaurierte Gebäude sind ein Traum für Fotographen.
Die militante Umweltorganisation „Earth First!“ errichtete zum 100. Jahrestag des Alma Massakers zu Ehren von Chief Victorio ein Denkmal an der Grabstätte von Cooney.
Wer mit einem Jeep oder einem Fahrzeug mit hoher Bodenfreiheit unterwegs ist und nach Chloride will, kann von Mogollon auf der FR 159 in Richtung Willow Creek, Beaverhead und Winston eine atemraubende Abkürzung fahren. Vor dem Start in Mogollon erfragen, ob die Strecke befahrbar ist.

Der Räuber war der Sheriff
Mogollon erlebte eine besondere Räubergeschichte. Kurz vor Weihnachten 1912 überfielen vier Männer den Postwagen, der mit den Löhnen für die Bergarbeiter von Silver City nach Mogollon unterwegs war. Die Beute: 5.000 Dollar. Die Räuber: Drei Kaufleute aus Alma und der Sheriff von Mogellon.

Sehenswertes in der Nähe

- **White Water Canyon Recreation Area:** Der Catwalk Trail erschließt alte Bergwerksanlagen.

45 Chloride

Ghost Town als Rentner-Hobby

Wo: VI-25 zwischen Albuquerque und Las Cruces, Ausfahrt 83.
Auf Hwy 181/52 über Cochillo und Winston nach Chloride.
Die Zufahrt ist asphaltiert.
Campen: Apache Kid RV Park & Pye Cabin in Chloride.
Am Hwy 52 zwischen MP 18/19 unter einer Baumgruppe.
Internet: www.pioneerstoremuseum.com;
Cloride NM; www.rozylowicz.com
Kontakt: Für Reservierung: tel. 575-743-2736;
e-mail: dedmund@windstream.net

Geschichte

Ein Maultiertreiber und Goldsucher entdeckte1879 Silber unweit der Stelle, an der heute Chloride steht. Anfangs stand nur ein Zeltcamp. Später wies die

Der 1880 erbaute Pioneer Store

Gemeinde Grundstücke aus und verloste die 8x30 Meter großen Parzellen an die Bergleute. Ein kostenloses Grundstück erhielt eine Frau, die als erste in Chloride siedelte. Dem Vater des ersten im Ort geborenen Kindes bot man eine Stelle in der Gemeindeverwaltung.

Während der Boomzeit um 1893 zählte der Ort ca. 3000 Einwohner. Als die USA die Geldwährung von Silber auf Gold umstellte, verfiel der Silberpreis. Die Minen schlossen, die Arbeiter und ihre Familien verließen den Ort.

Heute

Der erste Eindruck von Chloride am Ortseingang: Abgewrackte Autos, verrostete Maschinen und Geräte, ein paar Heuballen – das soll eine Ghost Town sein? Einige hundert Meter weiter eine alte Hausruine und der 1880 gebaute Pioneer Store. Kaum lohnenswert, wären da nicht Don und Dona. Sie machten diesen verlassenen Ort zu ihrem Rentner-Hobby und verwandelten den ehemaligen Kaufladen in ein besuchenswertes Museum. Lassen Sie sich von Don und seiner Freude am Erzählen einfangen. Sie dürfen im und außerhalb des Museums fotografieren.

Gesammelte Vergangenheit im General Store

Kübel zum Entwässern von Stollen und Schächten

Der hölzerne Sprengkasten – ein musealer Schatz

Don und Dona erfüllen sich einen Traum

Don und seine Frau Dona haben sich für ihren Lebensabend einer außergewöhnlichen Aufgabe verschrieben. Sie wollen mit Chloride ein Stück amerikanische Geschichte für künftige Generationen erhalten. Die beiden kamen in den 1980ern nach Chloride und verliebten in die Ghost Town. Sie kauften mehrere Grundstücke mit dem, was darauf verblieben war. Auch den Pioneer Store, wie ihn der letzte Besitzer verlassen hatte. Angefüllt mit zahllosen Dingen, dick vom Staub der Jahrzehnte überzogen. Sie restaurierten das Gebäude und verwandelten es in ein Einraum-Museum.

Don versteht es, den Besucher in eine vergangene Zeit zu versetzen. Wenn er erzählt, beginnen die ausgestellten Gegenstände zu leben. Da ist eine handbetriebene Küchenmaschine zum Zerkleinern von Gemüse und ein batteriebetriebenes Cash-Register, von der weltweit nur noch wenige Stücke existieren sollen. Nicht zu vergessen ein hölzerner Sprengkasten. Wenn der Sprengmeister den Hebel herunterdrückte, mussten alle im Stollen in Deckung sein. Es war trotzdem nicht ungefährlich, wie die Grabkreuze auf den Friedhöfen beweisen.

In den Regalen stapeln sich Schachteln, einst gefüllt mit Rauchwaren: Die dicken Zigarren für die Herren und die Zigarillos für die Damen. Dazu Dosen für verschiedene Kaffeesorten und eine Schachtel für die lange Unterhose. Briefe von Bergarbeitern, Flaschen, Töpfe und Pfannen, Hämmer und Zangen ergänzen die Sammlung – ein endlose Liste von Gegenständen und Belegen aus Chlorides Bergbauzeit.

Vor dem Pioneer Store Museum steht ein fahrbereiter Traktor aus dem Jahre 1917. Von den ausgestellten Bergbaugeräten beeindruckt die Konstruktion eines Kübels zum Entwässern von Stollen. Stieß der Kübel auf den Grund, öffnete sich am Gefäßboden ein tellerartiger Verschluss und das Gefäß füllte sich mit Wasser. Wurde der Kübel angehoben, schloss der Wasserdruck automatisch der Verschluss.

Auch ein wieder aufgebautes und restauriertes Blockhaus aus der benachbarten Ghost Town Grafton hat in Chloride einen Platz gefunden. Das Haus sollte entsorgt werden. Mit einigen Schwierigkeiten gelang es Don, das Gebäude für die Nachwelt zu erhalten. Eine interessante Geschichte von Bürokratie und privatem Engagement, die Don erzählen kann.

46 Lincoln

Bandenkrieg im Wilden Westen

Attraktion
Die Geschichte um Billy the Kid

Wo: Von Carrizozo an Hwy 54 nach Osten auf Hwy 380 einbiegen und 24 Meilen bis Lincoln. Die Zufahrt ist asphaltiert.

Campen: NF Campingplätze im Lincoln NF

Internet: Lincoln NM; Lincoln War; Billy the Kid

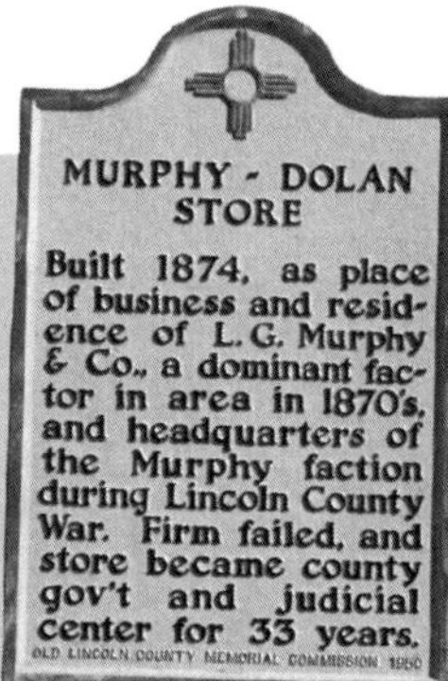

Geschichte

Lincoln war in den 1870ern ein abgelegener Ort mit vorwiegend Spanisch sprechenden Viehzüchtern und Farmern. Einige hundert Menschen lebten weit entfernt von Zentren und Eisenbahn. Der Ort bekam in der zweiten Hälfte des 19. Jahrhunderts den üblichen Ruf einer Westernstadt – geprägt vom Glücksspiel, Prostitution und Verbrechen. Gesetz und Ordnung galten nicht viel in jenen Tagen.

Courthouse und Murphy Dolar Store in Lincoln

Lincoln und das nahe gelegene Fort Stanton beschrieben mit einem Bandenkrieg ein Blatt amerikanischer Geschichte. Zwischen zwei Gruppen, denen es um Geld und Macht ging, kann es zu einer erbitterten Fehde. Hollywood machte die Geschichte und einige Akteure weltbekannt. Einer von ihnen war der Cowboy Billy the Kid. Um 1900 war Lincoln weitgehend verlassen und vergessen..

Heute

Abseits der touristischen Ströme gelegen wurde Lincoln in jüngster Zeit vom lokalen Geschichtsverein wieder entdeckt. Viele Gebäude fanden neue Besitzer, wurden restauriert. Ein Gang durch Lincoln gleicht einem Schritt in die Vergangenheit. Die Aktiven lassen die alten Zeiten aufleben. Am ersten Wochenende im August findet der Old Lincoln Day statt. Dazu gehört auch das Volksstück „The Last Escape of Billy the Kid". Eine romantisch verklärte Version eines Gangsterlebens und des Lincoln County War, gespielt von Bewohnern des Dorfes. Verschiedene historische Gebäude können besichtigt werden.

Offen: Täglich von 8:30 bis 16:30 Uhr. Gebühr.

Lincoln County War

In Lincoln besaßen James Dale und Murphy einen General Store, der einzige weit und breit. Murphy & Co. versorgten die Bewohner und die Garnison Fort Stanton mit allem, was die Menschen brauchten. Sie erhielten vom Staat auch den Auftrag, die Mescalero Apachen in der Reservation zu beliefern. Innerhalb eines Jahres kam es zu einer wundersamen Vermehrung der Indianer. Ihre Zahl stieg auf das Sechsfache – auf dem Papier.

Alle, die Bewohner von Lincoln und Umgebung, Farmer und Viehzüchter, Soldaten und Indianer waren von Murphy & Co. abhängig. Es gab keine Konkurrenz. Murphy bestimmte die Preise. Das Geschäft war eine Goldgrube. Das änderte sich mit der Ankunft von John Henry Tunstall. Er scharte Geschäftsleute um sich, die billiger lieferten und die Einheimischen besser für ihre Produkte bezahlten. Sie eröffneten 1876 einen zweiten Laden. Für

Murphy & Co. eine unwillkommene Konkurrenz. Beide Gruppen kämpften um die Macht. Jede Seite heuerte eine Gang an. Das erste Opfer der gewaltsamen Auseinandersetzung: Tunstall wurde von Helfern des Sheriffs am 18. Februar 1878 ermordet. Als Revanche erschossen Billy und seine Freunde den Sheriff. Der Lincoln County Krieg begann (Foto Seite. 114).

Der Gouverneur schaltete sich ein. Auf einem geheimen Treffen erhielt Billy die Zusage, begnadigt zu werden, wenn er gegen die Mörder von Tunstall als Zeuge auftreten würde.

Am 23. Dezember 1880 wurde Billy gefangen, in Lincoln eingesperrt und zum Tode verurteilt. Er schrieb Briefe an den Gouverneur und erinnerte ihn an sein Versprechen. Doch Billy wartete vergebens auf eine Antwort. Am 29. April 1881 sollte das Urteil vollstreckt werden. Einen Tag zuvor gelang Billy die Flucht. Er erschoss dabei zwei Hilfssheriffs. Spanische Freunde sollen eine Pistole in der Toilette versteckt haben. Es war Billy's letzte Flucht. Drei Monate später erschoss ihn der neue Sheriff.

Mit seinem Tode wurde eine Legende geboren, die wenig Ähnlichkeit mit der wahren Geschichte hat. Eine Legende, die in Filmen und Büchern Unzählige in ihren Bann geschlagen hat. Sie machte für die einen Billy zum kaltblütigen Killer, für die anderen zu einem modernen Robin Hood. Billy sprach gut Spanisch, hatte viele Freunde in der Bevölkerung und viele Liebschaften.

47 Fort Stanton

Schauplatz amerikanisch-deutscher Geschichte

Attraktion
Militärfriedhof mit Gräbern deutscher Seeleute; besuchenswertes Museum

Wo: Von Carrizozo auf Hwy 380 nach Osten bis Abzweig Hwy 220 zum Fort

Campen: NF Campingplätze im Lincoln National Forest

Internet: www.fortstanton.com; Luxusliner Columbus

Geschichte

Fort Stanton wurde 1855 zum Schutz der Siedler und der Verbindungswege nach Kalifornien im Kampf gegen die Apachen errichtet. Im Lincoln County War, an dem auch Billy The Kid teilnahm, spielte das Fort eine entscheidende Rolle.

Lager der Internierten am Rande von Fort Stanton (Foto © Fort Stanton, Museum)

Nach der Aufgabe des Forts1896 verfiel ein Teil. Einige Gebäude wurden 1899 von der U.S. Marine übernommen, restauriert und bis

1953 als Tuberkolose-Krankenhaus genutzt. Während des Zweiten Weltkriegs waren in einem Lager am Rande von Fort Stanton 410 deutsche Seeleute des deutschen Luxusliners „Columbus“ untergebracht.

Heute

Mehrere Gebäude der Anlage wurden restauriert. Fort Stanton ist als National Historic Place registriert. Besonders besuchenswert ist das 2010 neu eröffnete Museum und Besucherzentrum.

Offen: Außer mittwochs täglich von 10 bis 16 Uhr.

Die letzte Fahrt der Columbus

Die „Columbus“ kreuzte in der Karibik als der Zweite Weltkrieg ausbrach. Kapitän Dähne erhielt die Order, nach Deutschland zurückzukehren. Unter den gegebenen Umständen ein widersinniger Befehl, chancenlos für ein Gelingen. Beherrschte doch die britische Flotte den Atlantik. Der Vorschlag des Kapitäns, das Schiff an Mexiko zu verkaufen und eventuell nach dem Krieg wieder zurückzukaufen, wurde von der deutschen Regierung abgelehnt.

Die „Columbus“ schiffte ihre amerikanischen Passagiere aus und fuhr entlang der Atlantikküste in internationalen Gewässern nach Norden. Begleitet von einem amerikanischen Kriegsschiff, das seine Position an die Marinebehörde funkte. Als die „Columbus“ die internationalen Gewässer verließ, um den Atlantik in Richtung Deutschland zu queren, war es für einen englischen Zerstörer ein leichtes, sie zu finden. Mit Schüssen vor den Bug stoppte er am 19. Dezember 1939 das Schiff und forderte den Kapitän zur Übergabe auf.

Kapitän Dähne hatte für diesen Fall alles vorbereitet. Er ließ das Schiff in Brand setzen, die Seeventile öffnen, SOS funken und die Besatzung von Bord gehen. Gemäß internationalem Seerechts musste der amerikanischer Kreuzer Hilfe leisten. Er holte die Mannschaft, 577 Männer und Frauen, als Schiffsbrüchige an Bord und brachte sie nach New York. Hier konnten sie sich frei bewegen. Eine geplante Rückreise der Mannschaft von San Francisco über Japan und die Sowjetunion nach Deutschland ließ sich nicht verwirklichen. England hatte gedroht, jedes Schiff mit den Deutschen an Bord aufzubringen. Der größte Teil der Besatzung wurde Anfang 1941 nach Stanton gebracht. Auch dort konnten sie sich bis zum Beginn des Krieges gegen die USA im Dezember 1941 frei bewegen.

Vier Männer der Columbus starben in Stanton. Sie wurden auf dem Militärfriedhof des Forts begraben.

Über vier Jahre lebten die deutschen Seeleute in Stanton. Sie schufen in dieser Zeit zwei Tennisplätze, einen Fußballplatz und ein Schwimmbad. Viele von ihnen bauten sich aus Lehmziegeln eigene Häuser. Sie bestellten das Land und verkauften die Ernte an Einheimische. Einige heirateten Amerikanerinnen und blieben nach Kriegsende in den USA. Stanton glich für die deutschen Seeleute einer Idylle. Die Unterkünfte und Anlagen wurden nach Auflösung des Lagers beseitigt. Die Geschichte der „Columbus“ und ihrer Besatzung wurde 2008 verfilmt.

Info

Perl Harbor – Ghost Town für Schlachtschiffe

Am 6. Dezember 1941 heulten über Hawaii die Sirenen, vermischt mit dem Lärm von Flugzeugmotoren, explodierenden Torpedos und Bomben und dem Rattern von Flakgeschützen und Maschinengewehren.
Was war geschehen? Japanische Flugzeuge und Mini-Unterseeboote griffen an jenem Morgen Perl Harbor an und zerstörten einen Großteil der im Hafen vor Anker liegenden Pazifikflotte. Japan erklärte an diesem Tag den USA den Krieg. Die Behörden verhafteten über 18.000 Amerikaner japanischer Herkunft. Man zweifelte an ihrer Loyalität und internierte sie. Einige auch in Fort Stanton.

48 White Oaks

Ein missglückter Poker

Wo: Von Carrizozo auf Hwy 54 drei Meilen nach Norden bis Abzweig NM Hwy 349. Auf Hwy 349 nach White Oaks. Die Zufahrt ist asphaltiert. Von White Oaks führt die gut ausgebaute, nicht asphaltierte Forstraße 72 (auch CR A044) nach Jicarilla und Ancho. Von Ancho 2,5 Meilen auf NM Highway 482 zurück zum Hwy 54.
Campen: Zwischen Ancho und Jicarilla gibt es mehrere Plätze zum freien Campen.

Internet: Ancho NM; Jicarilla Ghost Town; White Oaks NM;

Geschichte

John Baxter blieb glücklos in Kalifornien. Er kam nach Carrizozo. Hier erzählte ihm ein Barmixer, jemand habe in den Bergen Gold gefunden. Baxter suchte, fand etwas Gold und verkaufte seinen Besitz für 300.000 Dollar. Sein Nachbesitzer schürfte Gold im Wert von drei Millionen.

Schulhaus in White Oaks

Um 1887 lebten in White Oaks etwa 4000 Menschen. Der Ort bot alles, was die Bewohner brauchten. Nur ein Eisenbahnanschluss fehlte. Eine Eisenbahngesellschaft zeigte Interesse. Die Erlaubnis Land für die Trasse nutzen zu dürfen, wollte sich White Oaks vergolden lassen. Für die Bahn war das Angebot zu teuer. Ihr Kompromissvorschlag für die Gemeindevertreter von White Oaks jedoch nicht ausreichend. Sie pokerten und verloren. Die Gesellschaft ließ White Oaks im wahrsten Sinne des Worts links liegen und führte die Strecke an White Oaks vorbei nach Carrizozo. Ohne Bahnanschluss war der Abbau nicht mehr rentabel. Die Minen schlossen. Der Ort verfiel zur Ghost Town.

Heute

haben Rentner, Geschäftsleute und Spekulanten weite Teile des Ortes übernommen. Sie renovieren und bauen neu. Das Schulhaus ist eines der wenigen erhaltenen Zeugnisse der Boomzeit um 1900.

Sehenswertes in der Nähe

Staatsbesitz in Jicarilla

- **Jicarillo:** Schon um 1850 fanden Prospektoren Gold. Doch der Ort wurde erst 1880 gegründet. In seinen besten Tagen lebten 200 bis 300 Leute in Jicarilla, denn die Goldfunde blieben bescheiden. Während der großen Wirtschaftskrise in den 1930er überlebten in Jicarilo einige Leute als Selbstversorger. Sie blieben nur eine kurze Zeit. Heute ist Jicarilla eine echte Ghost Town.
- **Ancho:** Um 1900 siedelten in Ancho Farmer, Rinder- und Schafzüchter. Später kamen Prospektoren, die in den Jicarilla Mountains Gold fanden. Die Eisenbahn errichtete ein Depot. Eine Ziegelfabrik produzierte Backsteine, die bis nach San Francisco transportiert wurden. Als der Absatz stockte, die Goldvorräte erschöpft waren, verließen viele Bewohner den Ort. Die Eisenbahn schloss 1959 das Depot. Der Highway 54 wurde einige Kilometer von Ancho entfernt ausgebaut. Das Ende war nicht aufzuhalten. Geblieben sind ein paar Gebäudereste. Das Schulhaus ist renoviert und wird als Kirche genutzt. Das Eisenbahndepot beherbergt ein Museum und einen Souvenirladen.

Wohnhausruine in Ancho

49 Madrid

Reichtum durch Schwarzes Gold

Attraktion
Drei Ghost Towns an einer Straße: Cerillos MP 32/31;
Madrid MP 29; Golden MP 17

Wo: Von der I-25 südlich Santa Fe, Ausfahrt 278. Unter dem Richtungspfeil befindet sich ein kleines braunes Hinweisschild: Turquoise Trail.
Er ist identisch mit Hwy 14, der zur I-10 führt.
Campen: Santa Fe KOA Campingplätze;
mehrere Campingplätze im Santa Fe NF.

Internet: Madrid New Mexico; Golden NM; Cerrillos NM

Geschichte

Madrid am Turquoise Trail National Scenic Byway wurde 1869 in einer wüstenähnlichen Umgebung gegründet. Tankwagen schafften für die Bergleute täglich über 500.000 Liter Wasser heran. Doch nicht glänzendes Gold, nicht gleißendes Silber sondern Steinkohle und Bitumen verhalfen Madrid zu seinem Boom. Es gab keinen Kohlenrausch und kein Kohlenfieber. Von Kohle ging nicht jene Faszination aus wie von Gold und Silber.

Das Leben in den Kohlen-Camps unterschied sich kaum von anderen Bergbausiedlungen: Familien und Familienleben waren die Ausnahme. Die meist ledigen Männer gingen nach der Arbeit einen trinken, spielten oder vergnügten sich im Bordell. Gelegentlich lösten sie ein Problem mit dem Schießeisen.

Nach dem Bau einer Eisenbahn 1892 begann der Abbau im großen Stil. Die Coal Company belieferte die Santa Fe Eisenbahn und die Haushalte in weiten Teilen des Südwestens.

Über 3000 Leute lebten und arbeiteten um die Jahrhundertwende in Madrid. Die Einheitshäuser waren in langen Reihen aufgestellt, ausgerichtet auf die

Gebäude der Gesellschaft und die betriebseigenen Geschäfte. Die Läden boten das Alltagsnotwendige. Es gab schon damals einen privaten Versandhandel, der allerdings von den Gesellschaftern nicht gern

gesehen wurde. Das Geld der Arbeiter sollte in die eigenen Taschen fließen. Ein betriebseigener Arzt betreute die Bergleute und ihre Familien kostenlos. Für Medizin wurde monatlich ein Dollar einbehalten. Die Ausgaben für die Geburtshilfe mussten jede Familie selbst tragen.

Der Abbau erreichte 1928 mit über 180.000 Tonnen einen Höhepunkt. In dieser Zeit ließ Oscar Huber, Direktor der Gesellschaft, Schulen bauen und Straßen befestigen. Er sorgte für eine ausreichende Trinkwasserversorgung und die Elektrifizierung der Häuser. Ab 1928 belieferte die Kohlengesellschaft ihre Beschäftigten im Ort kostenlos mit Elektrizität.

Golden: Spuren des Bergbaus

Naturgas und Erdöl verdrängte nach dem Zweiten Weltkrieg die Kohle. 1954 stellte die Gesellschaft den Abbau ein und verkaufte die Stadt für 250.000 Dollar. Madrid wurde eine Ghost Town.

Heute

Joe Huber, der neue Besitzer von Madrid, begann in den 1970ern Häuser an Künstler, Handwerker und andere Interessenten zu vermieten und zu verkaufen. Madrid erwachte zu neuem Leben. Inzwischen sind die meisten verbliebenen historischen Gebäude restauriert.

Mehrere hundert Leute wohnen im Ort. Gallerien, Restaurants, Bed & Breakfest Inns, Cafes und Geschenkeläden locken viele Besucher an. Das Open-Air-Jazzfestival an Samstagen im August ist ein Highlight, das Lichter-Festival zu Weihnachten ein anderes. Alle Gebäude sind dann mit elektrischen Lichtern geschmückt. Eine Tradition, die über 80 Jahre zurückreicht. Madrid vermarktet sich immer noch als eine Ghost Town.

Renovierte Häuser von Bergleuten in Madrid

In der Mine Shaft Tavern spukt´s

Die Mine Shaft Tavern sollte man nicht auslassen. 1944 durch einen Brand zerstört, wurde der Saloon 1947 wieder eröffnet – wie zuvor mit dem längsten Tresen in New Mexico. In der Taverne kann der Besucher einen Hauch vergangener Zeiten einatmen. Vielleicht auch eine Geistergeschichte hören. Es soll immer wieder spuken. Gäste und Bedienung berichten von Gläsern, die aus dem Regal heruntergefallen sind und zerbarsten, von Türen, die sich wie von Geisterhand lautlos öffneten und hin und her schwangen. Aus einer 15 Zentimeter dicken Lehmwand sollen gelegentlich Geräusche zu hören gewesen sein und Tische und Bänke am nächsten Morgen nicht mehr an ihren alten Plätzen gestanden haben. Ein Kellner will beim Blick in den Spiegel nicht sein Ebenbild sondern einen Geist gesehen haben. Es ist nicht überliefert, wie viele Gläser er zuvor getrunken hatte.

Info

Turquoise Trail National Scenic Byway

Die I-25 verbindet Santa Fe und Albuquerque, verbindet die Landeshauptstadt mit dem Wirtschaftszentrum von New Mexico. Es ist eine Rennstrecke für Eilige. Wer Zeit hat, wählt den Turquoise Trail National Scenic Byway. Die Fahrt wird zu einer Reise in die Zeit

- bevor die Spanier ins Land kamen,
- bevor New Mexico amerikanisch wurde,
- bevor der Bergbau-Boom Tausende in den Westen lockte,
- bevor Künstler und Touristen diesen Winkel entdeckten und die Ghosttown Madrid in ein Künstler-Zentrum verwandelten.

Sehenswertes in der Nähe

- **Golden:** Prospektoren fanden bereits 1825 im Tuerto Creek Gold. Ein kleines Camp entstand. Die Erträge blieben bescheiden. 1928 hatten die meisten Bewohner den Ort verlassen. Die Gebäude verfielen, wurden von Souvenirjägern geplündert. Die Siedlung wurde eine Ghost Town. In den letzten Jahren erlebte Golden eine Wiedergeburt. Zugezogene bauten neue Häuser und restaurierten verfallene.
- **Cerrillos:** Die Tanos-Indianer förderten in den Cerrillos Hills Türkise. In den 1880ern fanden Prospektoren Gold, Silber, Zink und Blei. 1890 zählte der Ort 2500 Einwohner und 27 Saloons. An die Glanzzeit erinnert nur noch die Frontseite des Opernhauses. Cerriollos ist keine Ghost Town mehr.

Opernhaus in Cerrillos

50 Fort Union

Militärbastion im Kampf gegen Indianer

Attraktion

Im 19. Jahrhundert größter Militärstützpunkt für die Eroberung des Westens.

Wo: I-25 nördlich von Las Vegas, New Mexico, Ausfahrt 366. Auf Hwy 161 ca. acht Meilen zum Fort.

Campen: Angebote in Las Vegas

Internet: Fort Union NM; Colorado Volenteers Civil War; Santa Fe Trail; Santa Fe Railroad

Geschichte

Von 1851 bis 1886 war Fort Union der größte und bedeutendste Militärstützpunkt und das zentrale Depot zur Versorgung der Soldaten in New Mexico und Süd-Arizona. Es begann mit einer Ansammlung einfacher Blockhäuser. Wie bei den meisten Forts im Südwesten ohne Wall oder Palisadenzaun.

Fort Union entwickelte sich zu einem wichtigen Umschlagsplatz für den Handel. Die über den Santa Fe Trail aus dem industrialisierten Osten gelieferten Waren wurden umgeladen, neu verpackt und zu den abgelegenen Posten transportiert.

Das Fort war Ausgangspunkt im Kampf gegen Apachen, Ute, Navajo, Kiowa und Comanchen. Das Militär sicherte auch den Santa Fe Trail und den Butterfield Overland Mail Trail, damals die wichtigsten Verbindungswege von Fort Leavenworth in Kansas über New Mexico und Arizona nach Kalifornien. Die Route führte durch Indianerland. Indianer und später Banditen überfielen nicht selten die Wagenkolonnen.

Offizierswohnungen (Foto © NPS)

Eine bedeutende Rolle als Logistik-Zentrum spielte die Militärbastion im Amerikanischen Bürgerkrieg 1862-65 im Kampf gegen die Südstaaten. Die Colorado Volonteers von Fort Union besiegten im März 1862 am Glorieta Pass Truppen der Südstaaten, die den Santa Fe Trail blockieren wollten.

1879 erreichte die Santa Fe Railroad Las Vegas und Santa Fe. Die Lager für den Warenumschlag wurden nicht mehr gebraucht. Mit dem Ende des Indianerkriegs 1886 verlor das Fort auch seine militärische Aufgabe und wurde 1891 aufgelöst.

Von den Häusern der Offiziere stehen nur noch die gemauerten Schornsteine.

Heute

erinnern nur einige Reste an das Fort. Sie sind für Besucher über einen 1,9 Kilometer langen Informationsweg zugänglich. Ein Museum und das Besucherzentrum liefern detaillierte Infos über die Geschichte von Fort Union, das als Historischer Militärstützpunkt und National Monument ausgewiesen ist.

Offen: täglich 8 bis 18 Uhr

Info

Santa Fe Trail

Der Santa Fe Trail (SFT) war für die Ureinwohner Teil eines Wegenetzes, das den Jagdzügen und dem Austausch von Waren zwischen den Stämmen diente – lange bevor die Spanier und die Weißen ins Land kamen und die Pfade für ihre Zwecke nutzten.

Der SFT war von 1821 bis 1879 – bis zur Fertigstellung der Santa Fe Railroad – die wichtigste Überlandverbindung in den USA. Er war eine Lebensader für den Handel, den Reiseverkehr und den Transport militärischer Güter und Informationen. Aus dem Osten brachten Wagentrecks vor allem Lebensmittel, Stoffe, Kleidung, Waffen, Munition und industrielle Fertigwaren. Auf dem Weg zurück transportierten sie Gold- und Silberbarren. Waren im Werte von vielen Millionen Dollar wurden jährlich bewegt.

Der SFT führte von Fort Leavenworth und Intenpendence am Westufer des Mississippi nach Santa Fe mit Anschluss nach Arizona und Kalifornien. Zwischen Fort Dodge und Fort Union entstand eine zweite Route, der Cimarron Cutoff. Diese Strecke war kürzer als die Route über die Berge, doch riskanter und gefährlicher. Es gab weniger Wasserstellen und häufiger Überfälle durch Indianer. Der gewonnene Zeitvorteil jedoch verschaffte den Betreibern der Trecks einen Vorteil gegenüber der Konkurrenz und einen höheren Profit.

Vier Ereignisse erhöhten die Bedeutung des SFT und ließen die Warenströme gewaltig anschwellen:

- Die Unabhängigkeit Mexikos von Spanien 1821 öffnete den bislang blockierten Warenaustausch.
- Die Besetzung von New Mexico nach dem amerikanisch-mexikanischen Krieg 1846-48.
- Das Goldfieber in Kalifornien und Nevada 1849-58.
- Der Kauf 1853 des Gebietes südlich des Gila River.

Info

Soldatenalltag in einem Fort

Für die Soldaten gab es einen streng geregelten Dienstplan. Um 5 Uhr morgens blies der Trompeter das Wecksignal und rief fast stündlich zu neuen Aktivitäten: Schießen, Umgang mit Bajonett und Gewehr üben, Waffen und Uniform reinigen, exerzieren, reiten, Pferde pflegen, Ställe reinigen, in der Küche und im Garten arbeiten, im Winter Eis für Wasser schneiden. Und immer wieder stundenlang Wache schieben. Jeden Tag gab es Appelle. Dann prüfte der First Sergeant (Hauptfeldwebel) Waffen und Kleidung. Drill und Schikane und oft Langweile bestimmten den Alltag. Ein Soldat schrieb nach Hause: „Er gab mir zwei Stunden Zeit. Alles Messing auf Gürtel und Pistole sollte dann glänzen wie ein Golddollar in der Dunkelheit." Viele Soldaten flüchteten.
Gelegentlich gab es Einsätze gegen die Indianer. Ritt eine Truppe zu einem militärischen Einsatz aus, spielte die Musikkapelle „The Girl I Left Behind" und alle hofften auf eine gesunde Rückkehr.

Die Soldaten hatten auch nichtmilitärische Arbeiten auszuführen. Sie bauten und reparierten Straßen und Häuser und verlegten Telefonleitungen. Dienstleistungen für die Offiziere waren an der Tagesordnung. Oft erst vor kurzem aus einem europäischen Land eingewandert, lebten sie in einer ungewohnten Umwelt. Ein Soldat schrieb: „Alles, was wächst, das sticht und alles, was atmet, das beißt." Für einen Monatssold von 13 Dollar.
Die Soldaten verpflichteten sich in der Regel für fünf Jahre. Angeworben nach der Ankunft in Amerika, aus Abenteuerlust oder aus der Not heraus. Für die Kinder gab es eine Schule. Zum Einkaufen eine *Trading Post*. Selbstverständlich ein Gefängnis, solide aus Steinen gebaut. Die Soldaten wohnten in Baracken. Bis zu 30 Mann schliefen in einem Saal. Die verheirateten Offiziere lebten mit ihren Familien in eigenen Häusern, der Kommandant in einer meist komfortablen Villa. (nach Leo E Oliva, Fort Union and The Frontier Army in the Southwest". Diese Studie ist in deutscher Fassung im Internet nachzulesen.)

Dienstplan

Wecken	bei Tageslicht
Morgenappell	6:00
Krankmeldung	6:30
Ende des Appells	7:00
Frühstück	7:00
Wache ablösen	8:00
Exerzieren	9:00 – 10:30
Appell	10:30 – 12:00
Mittagessen	12:00
Anwesenheitsappell	13:00
Exerzieren	14:00 – 15:00
Uniformappell	17:30
Zapfenstreich	20:45
Nachtruhe	21:00

51 Elizabethtown

Gold und Kupfer am Baldy Mountain

Attraktion
Ein kleines privates Museum; Friedhof mit der Grabstätte des Massenmörders Charles Kenn

Wo: 1. Von Taos auf Hwy 64 bis Eagels Nest. Von dort auf Hwy 38 ca. 5 Meilen nach Norden. Zwischen MP 25/24 auf die nichtasphaltierte B-20 einbiegen. Dann 0.3 Meilen bis Elizabethtown.
2. Von Taos auf Hwy 64/522 nach Questa. Von dort auf Hwy 38 nach Elizabethtown. Die Zufahrt zum Museum ist nicht asphaltiert, doch problemlos.

Campen: Mehrere NF Campingplätze an Hwy 38

Internet: etownmuseum@yahoo.com

Geschichte

Die Geschichte von Elizabethtown beginnt 1866. Am Abhang des Baldy Mountain wurde eine reiche Kupferader entdeckt und Gold im Willow Creek gefunden. Zwei Jahre später lebten 400 Leute in Elizabethtown. Es war die erste rechtlich selbständige Gemeinde in New Mexico. In der Glanzzeit sorgten 7 Saloons, 1 General Store, 2 Hotels, 3 Tanzhallen, mehrere Geschäfte und ein Rotlicht-Viertel für Umsätze. 1903 zerstörte ein Feuer den größten Teil des Ortes. Die letzte Mine schloss 1917.

Elizabethtown um 1925 mit dem Old Mutz Hotel und dem General Store (Foto © etownmuseum).

Der Traum von Gold und Reichtum ist unsterblich. Die Bergleute von Elizabethtown hatten an den Abhängen des Baldy Mountain überall Gold gefunden. Sie waren besessen von dem Gedanken: Irgendwo in dem Berg musste eine Ader aus purem Gold sein. Warum nicht einen Tunnel durch den Berg sprengen?
Die Deep Mining Tunnel and Milling Company übernahm 1929 den Auftrag, 600 Meter unterhalb des 3.792 Meter hohen Gipfels einen Tunnel zu graben.

Mit Presslufthammer und Dynamit arbeiteten sich die Männer von zwei Seiten acht Kilometer durch das Gestein. Nach sechs Jahren trafen sie aufeinander – mit einer Abweichung von 2,5 Zentimetern. Das ersehnte Gold fanden sie nicht. Doch dem Traum von einer reichen Goldader im Baldy Mountain hängt noch mancher nach.

Heute

Wer heute Elizabethtown besucht und zu den Bergen emporschaut, braucht viel Phantasie sich vorzustellen, dass hier einst über 7000 Menschen lebten und der Ort Sitz der Kreisverwaltung war. Nur einige Ruinen und Grundmauern erinnern an den Bergbauboom. Vandalen und Schafhirten ließen kaum etwas stehen, verbauten Bretter und Balken oder verbrannten sie als Feuerholz.

Das kleine Museum zeigt Fundstücke aus dem ehemaligen Bergbaugebiet. Fotos dokumentieren die Vergangenheit. Das Prunkstück: Ein fahrbereites Oldsmobil Baujahr 1903.

Auf dem Friedhof erinnert ein morsches Grabsteinbrett an den Massenmörder Charles Kenn.

Museum: Geöffnet vom 29. Mai bis Anfang September von 10 bis 17 Uhr. Anfang Juli werden die „Gold Rush Days“ gefeiert.

Gold am Baldy Mountain

Eines Tages erschien eine Gruppe Ute Indianer im Fort Union, um Felle gegen Salz, Decken und andere Dinge einzutauschen. Unter ihnen ein Indianer, dem Capitain William Moore das Leben gerettet hatte. Als Geschenk brachte er Moore einen türkisgrün- und azurblau gebänderten Stein mit (FF 11). Ein Stein, reich an Kupfer, wie der Capitain sofort erkannte. Gefunden am Abhang des Baldy Mountain. Der Indianer erklärte sich bereit, Moore und einigen Männern diesen Platz zu zeigen. Dort angekommen, fanden sie eine reiche Lagerstätte aus Azurit und Malachit.

Bei der weiteren Erkundung campten drei Männer am Willow Creek. Um sich die Zeit zu vertreiben, wusch einer im Bach nach Gold. Seine Kameraden hörten plötzlich einen Schrei. Er hatte glitzernde Flocken in der Pfanne: Gold!

Vom Goldrausch ergriffen, suchten alle drei – und wurden fündig.

Am nächsten Morgen begann es zu schneien. Die Männer schworen, die Entdeckung für sich zu behalten. Über die langen Wintermonate sickerte jedoch die Kunde von dem Fund durch. Im Frühjahr 1867 waren die drei zwar die ersten vor Ort. Ihnen auf der Spur jedoch zahlreiche Goldsucher.

Bürgerwehr – Hilfe durch Selbsthilfe

Bergwerkssiedlungen entstanden oft in einigen Tagen, wuchsen über Wochen und Monate zu Orten mit Hunderten, manchmal Tausenden Einwohnern. Die einen auf der Suche nach Arbeit. Andere auf der Suche nach dem schnellen Geld mit Spiel und Raub. Einige versuchten, Elizabethtown mit Terror ihre Gesetze aufzudrücken. Denn in den frühen 1870ern gab es keinen Sheriff. Outlawer setzten das Justizgebäude in Brand und drohten, den Ort in Schutt und Asche zu legen. Angst breitete sich aus. Der Gouverneur schickte Soldaten, die für Ruhe und Sicherheit sorgten. Als sie wieder abzogen, kamen die Banditen zurück und schworen Rache.

Die Bürger reagierten auf ihre Weise. Eine Gruppe von Männer traf sich in einem abgedunkelten Raum. Eine Schachtel mit Zetteln ging reihum. Auf einem stand der Name eines Unruhestifters. Wer ihn zog, musste den Betreffenden töten. Keiner der Anwesenden wusste, wer das Los gezogen hatte. Doch man streute das Gerücht aus, damit der Ausgewählte von dem Todesauftrag erfuhr. Meistens packte er seine Sachen und ritt davon.

Der eine oder andere blieb, machte sich lustig über die Todesdrohung. Bis eine Kugel ihn ins Jenseits beförderte. Die Erfolge der Bürgerwehr sprachen sich herum. Gangster mieden künftig die Stadt. (nach einem Bericht von Michael Jenkinson in Old West Magazin Sommer 1965)

Massenmörder im Moreno Tal

Von Elizabethtown ist eine besonders grausame Story überliefert. Sie ist mit Charles Kennedy verbunden. Er betrieb mit seiner Frau, einer Ute-Indianerin, an der Straße zwischen Elizabethtown und Taos eine Herberge. Eines Tages im Herbst 1870 stürzte die Frau blutüberströmt in Pearson´s Saloon und schrie schier Unglaubliches: „He killed him. My husband killed our son.“

Die Anwesenden halfen der Frau in einen Sessel. Dann erzählte sie eine grausame Geschichte. Ihr Mann hatte Stunden zuvor einen Gast aufgenommen. Der fragte Charles während des Abendessens in Gegenwart des Sohnes ob Indianer die Gegend unsicher machen würden. Der Junge soll gesagt haben: „Kannst du nicht den riechen, den Papa unter der Treppe verscharrt hat?“

Charles schäumte vor Wut. Er erschoss den Gast, schlug den Kopf des Jungen gegen die Wand und warf die beiden Leichen in den Keller. Seine Frau, Zeugin des Geschehens, schlug er zusammen und sperrte sie ein. Es gelang ihr, durch den Schornstein zu entkommen.

Am 3. Oktober 1870 stand Charles von Gericht. Mindestens 14 Morde wurden ihm angelastet. Der lokale Richter befand, dass Charles von einem Schwurgericht angeklagt und verurteilt werden sollte. Tags darauf kam das Gerücht auf, dass ein junger Anwalt mit der Verteidigung des Mörders seine ersten Sporen verdienen wollte. Clay Allison – ein lokaler Rancher – und seine Freunde holten Charles aus dem Gefängnis. Sie banden ihm ein Seil um den Hals, knüpften es an einen Sattel und schleiften den Mörder zu Tode. Die Leiche verscharrten die Männer außerhalb des Friedhofes.

Inzwischen wurde das Gelände erweitert. Charles Grab erhielt so einen Platz in der Nordost-Ecke. Der hölzerne Grabstein ist noch vorhanden.

Sehenswertes in der Nähe

- **Eagle Nest:** In Erinnerung an ein „Frontier Rendevous" vor 150 Jahren veranstaltet der Fremdenverkehrsverein Ende Juni ein Fest. Wer teilnehmen will, muss sich in Trachten des 19. Jahrhunderts kleiden.
- Eingang des Deep Tunnel. Zufahrt mit Jeep möglich.

Info

Frontier Rendezvous – Jahrmärkte im Wilden Westen

Diese Treffen waren in der ersten Hälfte des 19. Jahrhunderts im Westen das Ereignis des Jahres. Leute aus der ganzen Region kamen – Weiße und Indianer, Fellaufkäufer, Händler, Spieler und Prostituierte. Trapper/Fallensteller brachten die gesammelten Felle und Goldsucher ihre Nuggets, um sie gegen Patronen und Waffen, Salz, Mehl, Zucker und andere Waren einzutauschen. Man blieb tagelang und der Alkohol floss in Strömen und mit ihm meistens der Erlös eines Jahres harter Arbeit.

52 Dawson

Ein Friedhof erinnert

Attraktion
Friedhof mit den Opfern zweier Grubenkatastrophen

Wo: Hwy 64 zwischen Raton und Cimarron bei MP 321,9 ein beschilderter Abzweig (Cemetery). Auf gut befahrbarer Straße knapp 5 Meilen bis zum Friedhof.

Campen: Cimarron Canyon State Park

Internet: Dawson Ghost Town NM; Colfax Ghost Town NM

Opfer zweier Grubenunglücke

Geschichte

Kohle wurde bei Dawson erstmals 1895 gefunden. 1901 begann die Dawson Fuel Company mit dem Abbau. Der steigende Bedarf löste einen rapiden Aufschwung aus. Zehn Gruben förderten das Schwarze Gold.

Dawson zählte damals an die 2.000 Einwohner. Viele waren Einwanderer der

Steinkohle – das Schwarze Gold

ersten Generation. Sie kamen vor allem aus Italien, Polen, Deutschland, Österreich-Ungarn, Serbien, England, Schweden und Mexiko. Angeworben von der Bergbaugesellschaft. Dawson galt als eine Modellstadt. Die Bergbaugesellschaft bot den Arbeitern in dieser abgelegenen Gegend gut ausgestattete Wohnhäuser, ein öffentliches Schwimmbad, ein Opernhaus, einen Golfplatz, ein Hotel und ein gut eingerichtetes Krankenhaus. Der Company Store führte fast alles, was die Bewohner brauchten: Lebensmittel, Kleidung, Werkzeuge, Möbel, Rauchwaren, Schmuck und täglich frisch gebackenes Brot aus eigener Bäckerei. Vier Schulen betreuten über 1200 Schüler.

1913 und 1923 forderten zwei Grubenunglücke zahlreiche Opfer. 1950 schloss die letzte Grube. Die Bewohner verließen den Ort. Gebäude und Anlagen wurden abgerissen oder in benachbarte Orte gebracht und Dawson dem Erdboden gleich gemacht.

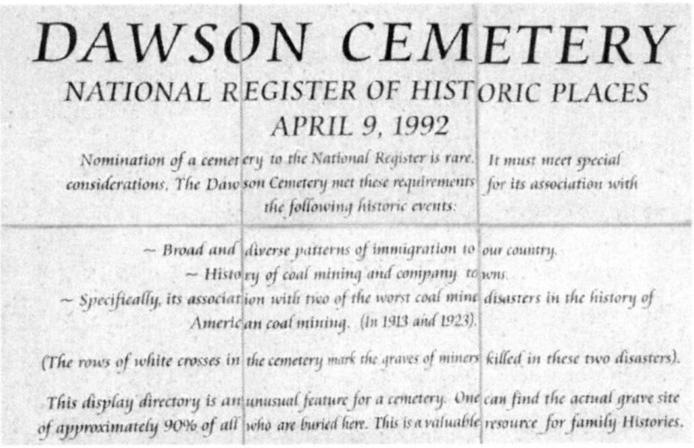

DAWSON CEMETERY

NATIONAL REGISTER OF HISTORIC PLACES

APRIL 9, 1992

Nomination of a cemetery to the National Register is rare. It must meet special considerations. The Dawson Cemetery met these requirements for its association with the following historic events:

~ Broad and diverse patterns of immigration to our country.

~ History of coal mining and company towns.

~ Specifically, its association with two of the worst coal mine disasters in the history of American coal mining. (In 1913 and 1923).

(The rows of white crosses in the cemetery mark the graves of miners killed in these two disasters).

This display directory is an unusual feature for a cemetery. One can find the actual grave site of approximately 90% of all who are buried here. This is a valuable resource for family Histories.

Heute

ist nur der Friedhof für die Öffentlichkeit zugänglich. Er erinnert mit Hunderten Grabkreuzen an die Opfer der Grubenunglücke. Der Friedhof ist im *National Register of Historic Places* aufgelistet.

Zwei Schwarze Tage in Dawson

Der Kohlebergbau war eine besonders gefährliche Arbeitsstätte. Mit Stolleneinbrüchen und Kohlenstaubexplosionen mussten die Bergleute immer rechnen. Dazu kam der eingeatmete Kohlenstaub. Er verkürzte die Lebenserwartung erheblich. Staublungenopfer füllten die Friedhöfe.

Der 22. Oktober 1913 und der 8. Februar 1923 sind als Schwarze Tage in die Geschichte des Kohlebergbaus eingegangen. An jenen Tagen gab es zwei schwere Explosionen. Die Bilanz: 388 Tote.

Das Grubenunglück von 1913 war besonders schwer. Eine Schicht mit 288 Bergleuten hatte

gerade die Arbeit aufgenommen, als eine gewaltige Explosion eine Druckwelle auslöste. Sie war noch drei Kilometer entfernt zu verspüren. Aus den umliegenden Orten eilten sofort Rettungsmannschaften herbei. Sie konnten nur 23 Arbeiter lebend bergen.
Was war geschehen?
Eine Dynamit-Sprengung während der Schicht verursachte eine schwere Kohlenstaubexplosion. Ein klarer Verstoß gegen geltende Sicherheitsbestimmungen, die Sprengungen nur zwischen den Schichten erlaubten. Keiner der Verantwortlichen wurde zur Rechenschaft gezogen. Zehn Jahre später ereignete sich wieder ein schweres Unglück. Ein Zug entgleiste. Ein Funke entzündete den Kohlenstaub. Die besondere Tragik: Frauen, die 1913 ihren Mann verloren hatten, warteten 1923 auf ihre Söhne. Sie warteten vergebens, denn nur zwei von 125 Bergleuten überlebten.

Sehenswertes in der Nähe

- **Colfax:** Die Ghost Town liegt an Hwy 64 zwischen Cimarron und Raton. Die New Mexico Sales Company versprach sich mit der Landerschließung am Vermejo River ein gutes Geschäft. In einer großangelegten Werbecampagne pries sie das Tal: Arbeitsplätze in 10 Kohlengruben, Eisenbahnanschluss, gutes Farmland und die Berge nicht weit entfernt.

Colfax heute

1908 kamen die ersten Siedler. Eine Poststelle und ein kleines Kaufhaus wurden eröffnet und eine Schule gebaut. Doch der erhoffte Erfolg blieb aus. Die Spekulation mit den Grundstücken schlug fehl. Bereits 1921 schloss die Post. Um 1930 verließen die meisten Bewohner Colfax. Einige Jahre später gingen die letzten. Geblieben sind ein paar Hausruinen, klotzige Fundamente, verrostete Güterwagen und Schrott. Ein Versuch, mit einem touristischen Angebot wieder Fuß zu fassen, scheiterte. Die Gaststätte nahe der Ghost Town bedient schon lange keine Kunden mehr.

1

2

3

4

11

12

13

14

15

16

17

18

19

20

21

22

23

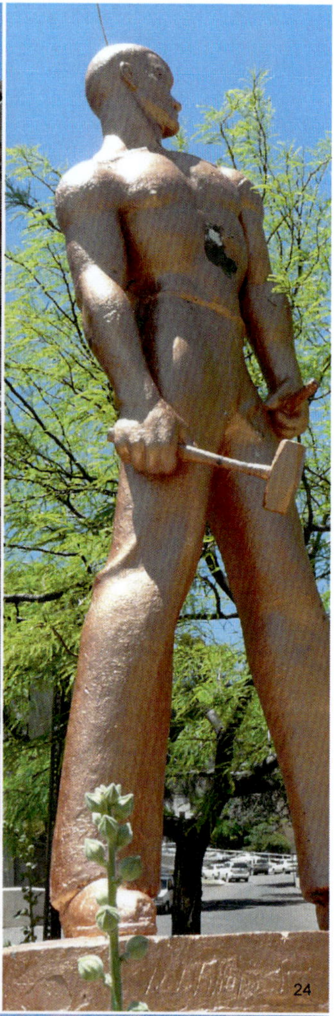
24

25

26

27

28

29

30

31

32

33

34

35

Bildtexte zu den Seiten 141-148

1: Eisenbahnbrücke über den Diablo Canyon
2: Am 5. Mai 1869 wurde der letzte Nagel eingeschlagen
3: Fördergerüst im Central Mining Museum in Tonopah
4: Durch den William Johnson Tunnel fährt schon lange keine Zug mehr
5: Holzkohleöfen in Ward
6: Gold King Mine & Ghost Town in Jerome
7: Wandmalerei in Ely (bitte ausschneiden)
8: Bingham Canyon Copper Mine (Foto Besucherzentrum)
9: Bisbee: Lavender Tagebau
10:Kohlenhalden im Sego Canyon
11:Kupfererz: Malachit und Azurit von der Last Chance Mine im Grand Canyon
12:Der Reichtum der Comstock Ader war unermesslich (Foto Reno Chris, public domain)
13:Ausgehendes Kohlenflöz im Sego Canyon
14:Amethystdruse (Foto Gill Kenny © MTC&VB)
15:Eine Handvoll Nuggets
16:Nuggets
17:Türkise aus Bisbee
18:Auf der Suche nach Rauchquarz
19:Vom Hochofen stehen in Oatman nur ein paar Mauern
20:Filmaufnahmen in Old Tucson (Foto © MTC&VB)
21:Miss Kitty´s Saloon am Johnson Movie Site
22:Two Guns, eine touristische Ghost Town
23:Gefängnisinnenhof in Yuma
24:Ein Denkmal aus Kupfer für die Bergarbeiter in Bisbee
25:Im Laboratorium der Vulture Gold Mine
26:Jerome
27:Spuren der Unranaufbereitung in Moab
28:Der General Store in Pearce steht zum Verkauf
29:Olive, die weiße Squaw
30:Tonopah Historic Mining Park (Foto © City of Tonopah)
31:An besonderen Tagen kommt das Leben nach Gold Point zurück (Foto © Herb Robbis)
32:Crystal Palace – Auch heute eine Goldgrube
33:Das Schulhaus in Ruby wird restauriert
34:Ghost Town am Highway 93 nahe Chloride, AZ
35:Hotel International in Austin

Tipps und Informationen

Reisen mit Kindern

Über 30 Jahre fahre und wandere ich im Westen umher. Gelegentlich halte ich an einem millionenfach besuchten Aussichtspunkt. Am Grand View Point am Südrand des Grand Canyon sitze ich dann eine Weile auf der Steinmauer, beobachte die Besucher und höre ihr „Wow“ oder „Toll“. Viele können vor lauter Begeisterung kaum den Finger vom Auslöser nehmen. Jeden Winkel dieses Naturwunders wollen sie für zu Hause festhalten. Sind Kinder im Teenager-Alter dabei, stehen sie daneben und stöhnen oft vernehmlich: „Schon wieder Landschaft!“ Ein Bär oder eine Klapperschlange hätte den Sohn vermutlich mehr interessiert. Doch die haben für Normaltouristen Seltenheitswert.

Was nun?

Wenn Ihre Kinder sich ebenfalls fürs Fotografieren begeistern, sind Sie gut dran. Auch Plätze mit besonderen Attraktionen und einer spannenden Geschichte können Interesse wecken.

So bieten Ghost Towns nicht Alltägliches.

Besuchen Sie mit Ihren Kindern

- ein ehemaliges Goldbergwerk
- einen Saloon, der im Wilden Westen anders aussah als ihn Hollywood zeigt
- einen Platz zum Goldwaschen
- einen Wildwest Erlebnispark
- einen Movie Site, an dem preisgekrönte Hollywood-Filme entstanden

Spielen mit Wasser

Wenn Sie beispielsweise von Las Vegas zurückfliegen, kann am Tag zuvor der Besuch der Techatticup Mine zu einem unvergesslichen Höhepunkt werden (S.61). Tony, der Eigentümer, bietet eine Untertagetour, eine Kajakfahrt auf dem Colorado, einen Reitausflug und eine Fahrt mit einem Allradfahrzeug (Quad) in die Wüste an. Eine Klapperschlange kann er ebenfalls vorzeigen.
Aber auch Feuer und Wasser faszinieren Kinder. Planen Sie Zeit zum Spielen ein.

ADAC – AAA

Mitglieder des ADAC erhalten in den Geschäftsstellen des AAA kostenlos Straßenkarten, Stadtpläne und TourBooks. Adressen finden Sie im Internet. Im Notfall hilft die AAA-Pannenhilfe 1-800-222-4357. Mitgliedskarte nicht vergessen.

Campen

Die Gebühren auf öffentlichen Plätzen werden im allgemeinen je Fahrzeug berechnet. Private Plätze erheben zusätzliche Gebühren.

- Private Plätze bieten Komfort (Wasser- und Stromanschluss, Duschen, Waschmaschine, Aufenthaltsraum u. a.). Gebühr: ca. $ 30,00
- State Parks mit Camping: Tisch, Feuerplatz, Waschraum, oft Dusche, Wasser- und Stromanschluss. Gebühr: $ 14,00 bis 20,00
- National Forest Plätze sind oft nur einfach ausgestattet (Tisch, Feuerplatz, Toilette, nicht immer Wasser). Gebühr: $ 10,00 bis 20,00. Abgelegene, meist nur von Einheimischen besuchte Plätze, manchmal nur $ 5,00.
- Campen auf privatem Land (private property) ist ausnahmslos nur mit Erlaubnis des Eigentümers gestattet. Beachten Sie auf jeden Fall Hinweise wie „No Trespassing“ (Kein Zugang) und „Private Property“ (Privatbesitz). Verstöße können unangenehme Folgen haben.
- Campen auf öffentlichem Land (public land, vom NFS und BLM verwaltet), ist in der Regel erlaubt. In Nationalparks dagegen nur auf ausgewiesenen Plätzen. Beachten Sie eventuelle Hinweise auf Feuerverbote.
- Ich campe mehr als 30 Jahren vorwiegend in der Wildnis und hatte bisher nur einen unerwünschten Besucher. Ein Bär – auf der Suche nach Nahrung – hinterließ die Abdrücke seiner Pranken auf der Fensterscheibe des Autos.

Glossar

Adobeziegel: Luftgetrocknete Lehmziegel – gefertigt aus Sand, Silt und Clay, mit trockenem Gras oder Ästen vermischt – waren im 19. Jahrhundert im Südwesten das verbreitetste Baumaterial.

Butterfield Coach Station: Halte- und Rastpunkt für Post- und Reisekutschen

Claim: Das Bergbaugesetz von 1872 (General Mining Act) gab jedem das Recht, auf öffentlichem Land nach Mineralien zu suchen. Der Prospektor steckte eine Fundstelle mit vier Pfosten ab und meldete bei der Kreisverwaltung mit einem formlosen Antrag seinen Anspruch an. Danach durfte er alle mineralischen Bodenschätze von der Oberfläche abwärts abbauen und verkaufen. Um den Anspruch zu erhalten, waren jedes Jahr Arbeiten in einem festgelegten Wert durchzuführen. Das Bergbaugesetz, inzwischen mehrfach verändert, gilt noch heute.

Company Store: Geschäft; Laden Oft im Zentrum der Bergwerkssiedlung gelegen und von der Gesellschaft betrieben. Er führte, was gebraucht wurde, teilweise zu erhöhten Preisen. Verschiedentlich wurden die Bergleute mit Gutscheinen bezahlt, die nur im Geschäft eingelöst werden konnten.

Courthouse: Verwaltungsgebäude

General Store: s. Company Store

General Mining Act: s. Claim

Heimstättengesetz: s. Homestead Act

Heritage Site (HS): Platz von besonderer geschichtlicher Bedeutung.

Historische Goldpreise (in Dollar je Unze):

1850	26 $	2000	274 $
1900	26 $	2010	1421 $
1950	35 $	2011	1564 $

Unterwegs in den Westen (Foto © NPS)

Homestead Act 1862 (Heimstättengesetz)**:** Bestimmt die Landabgabe im Westen und Mittelwesten. Jeder Amerikaner konnte 65 Hektar Land erwerben – je Hektar $ 1,25.

Hütte: Anlage zum Schmelzen von Erzen.

National Conservation Area (NCA)**:** Kulturell, ökologisch, geschichtlich und für Forschung bedeutsame Gebiete.

National Historical Park (NHP)**:** s. National Historic Site

National Historic Trail (NHT)**:** s. National Scenic and Historic Trail

National Historic Site (NHS)**:** Dazu gehören historisch bedeutende Gebäude, Orte und Einrichtungen. Sie werden vom National Park Service verwaltet.

National Memorial (NM)**:** Ein Denkmal, das an eine Person oder Ereignis erinnert.

National Monument (NM)**:** Gebiet unter besonderen Schutz. Ein NM kann vom amerikanischen Präsidenten eingerichtet werden. Die Zustimmung des Kongresses ist nicht erforderlich.

National Park (NP)**:** Gebiet, in dem die Natur geschützt ist und nicht ausgebeutet werden darf. Die Einrichtung eines NP bedarf der Zustimmung des Kongresses.

National Register of Historic Places (NRHP)**:** Verzeichnis historischer Stätten

National Scenic Byway (NSB)**:** Eine Straße mit archäologischen, historischen, und landschaftlichen Besonderheiten.

National Scenic and Historic Trail (NSHT)**:** Ehemals Ureinwohnern und Weißen benutzte Wege.

Pioneer Store: s. Company Store

Public Land: Land im Besitz der Öffentlichen Hände. Es ist in der Regel allgemein zugänglich. Campen ist erlaubt. Bei Bächen und Quellen sind Abstände (50 bis 100 m) zu beachten.

Trading Post, Trading Fort: Platz, an dem Waren gehandelt wurden. Heute vorwiegend Souvenirgeschäft für den Tourismus.

Unterwegs in den Westen (Foto © NPS)

Abkürzungen

CR	County Road; Kreisstraße, oft nicht asphaltiert
BLM	Bureau of Land Management; Staatliche Organisation
F	Schwarzweißfoto
FF	Farbfoto
f/ff	folgende Seite(n)
FR	Forest Road; Forststraße, meist nicht asphaltiert
Hwy	Highway; Straße regionaler oder überregionaler Ordnung, meist asphaltiert
I	Interstate; Autobahn
NM	New Mexico
MP	Milepost – Meilenstein; Entfernung in Meilen
NFS	National Forest Service; Nationale Forstverwaltung
NPS	National Park Service; Nationalparkverwaltung
NV	Nevada
SR	Staat Road; Bundesstraße
TH	Trailhead; Beginn eines Wanderweges

Quellen

Bonnand, Sheila M.: The Bisbee Deportation of 1917; University of Arizona 1997

Carr, Stephan L.: The Historical Guide to Utah Ghost Towns; Salt Lake City 1972; ISBN-13: 9780914740308

Davidson, George E.: Red Rock Eden. The Story of Fruita; Capitol Reef Natural History Ass.; ISBN 1-887517-03-0

Florin, Lampert F.: Colorado and Utah Ghost Towns; ISBN 978-0875643274

Frye, Bredford J.: From barrier to crossroads. An Administration History of Capitol Reef National Park; Utah 1998; Gov. Doc. Number 12986/3:12

Hall, Shawn: A History of Tonopah; Tonopah 2011

Jenkinson, Michael: Ghost Towns of New Mexico; Albuquerque 1967

Kuegler, Dietmar: Geisterstädte im amerikanischen Westen; Wyk/Föhr 2004; ISBN 97830895100956

Lawliss, Chuck: Ghost Towns, Gamblers and Gold; New York 1995; ISBN 9780831739034

Leavengood, Betty: Faraway Ranch; Tucson 1995; ISBN 1877856517

Nolan, Frederick W.: The Wild West. History, Myth & the Making America; 2004; , ISBN 9781841931838

Oliva, Leo E: Fort Union and the Frontier Army in the Southwest – A Historic Resource Study. NPS, Santa Fe 1993 (Deutsche Fassung online: Fort Union and the Frontier Army)

Robinson, Max E. und Robinson Clay M.: Echos from the Cliffs of Capitol Reef National Park; Cedar City 2004

Seagraves; Anna: Soiled Daves. Prostitute in the Eraly West: Spokane 19994; ISBN 0961909884X

Tanna, Sandra: Book of the Mormon; in: Salt Lake City Messenger, Nov. 2005, Ausgabe Nr. 105

Traywick, Ben T.: The Residents of Tombstone´s Boothill; ASIN B0006BZTP0

Varney, Philip: Arizona Ghost Towns and Mining Camps; Tucson 2008; ISBN 9781923082463

Weiser, Kathy: www.legendsofAmerica.com

Dank

an alle, die mit Informationen und Bildern geholfen haben.

Fitzsimons, Stefanie: Western Mining & Railroad Museum, Helper; Metropolitan Tucson Convention & Visitors Bureau, Tucson; Old Tucson Studios, Tucson; Herb Robbis, Gold Point Nevada; Robert Babiak, pixelio.de; Frederick Liam, Ruby AZ

Register

Goldfield in Arizona, eine Ghost Town für Familien

Reisen der besonderen Art

Seine Freunde nennen ihn „Rocky Rudi“.
Er wanderte Tausende Meilen im Westen der USA.
Oft querfeldein durch faszinierende Landschaften.
Haben Sie Lust auf eine Abenteuerreise, auf einen unvergesslichen Trip? Auf einen Urlaub vom Steuer?
Dann folgen Sie seinen Spuren.
Ein Klick auf Rudis Website:

www.wandernUSA.de

oder ein Anruf genügt:

Tel. 06055-3189

Vom Autor sind erschienen:

ISBN 978-3-00-010897-1

ISBN 978-3-00-017698-5

ISBN 978-3-00-020770-9

ISBN 978-3-00-024182-6

ISBN 978-3-00-0295669

ISBN 978-3-593-35781